Herbert Rosendorfer

Deutsche Geschichte
Ein Versuch

Von den Anfängen bis
zum Wormser Konkordat

Mit 4 Übersichtskarten
und 3 Stammtafeln

Deutscher Taschenbuch Verlag

Für Dolly und Ekko
in alter Freundschaft

Ungekürzte, vom Autor neu durchgesehene Ausgabe
September 2000
3. Auflage März 2002
Deutscher Taschenbuch Verlag GmbH & Co. KG,
München
www.dtv.de

Umschlagkonzept: Balk & Brumshagen
Umschlagbild: ›Die Schlacht im Teutoburger Walde‹ (1855)
nachkoloriert nach Hermann Plüddemann (© AKG, Berlin)
Karten: Kartografie und Grafik, E. Radehose, Holzkirchen
Satz: Fotosatz Reinhard Amann, Aichstetten
Gesetzt aus der Garamond 10/12' (QuarkXPress)
Druck und Bindung: Druckerei C. H. Beck, Nördlingen
Gedruckt auf säurefreiem, chlorfrei gebleichtem Papier
Printed in Germany · ISBN 3-423-12817-8

»Hinzu kommt über alles Lebende,
vom Menschen bis zum Vieh,
und über die Sünder siebenfach:
Pest und Blut, Fieber und Schwert,
Untergang und Verderben,
Hunger und Tod.«
JESUS SIRACH 40, 8

Inhalt

Vorwort

Die Weltgeschichte ist eine Blutspur. Sie hat auf dem Weg der Menschheit meistenteils Blut, Tränen, Betrug, Verrat, Dreck und Eiter hinterlassen. Ein Goldenes Zeitalter hat es nie gegeben. Der hauptsächliche Geruch, der aus der Tiefe der Jahre heraufweht, ist Gestank. Die Zeugen der Vergangenheit, ob es sich um Tempel, Kirchen, Burgen oder Paläste handelt, die Großtaten der Zivilisation wie Kanäle, Pyramiden oder Ozeanüberquerungen und gar nicht zu reden von den Schlachten gingen alle auf Kosten geknechteter, blutender, zerquetschter kleiner Leute. Die wirklichen Werte der Kultur, meist Zeugnisse der Kunst, stehen einsam im ganzen Meer von Leid und Brutalität.

Dennoch fasziniert die Geschichte. Den wahren Grund dafür habe ich noch nicht entdecken können. Daß wir aus der Geschichte lernen, ist ein Aberglauben. Das ist fast noch nie passiert. Allenfalls hat man das Falsche aus ihr gelernt: als Enkel Rache für das zu nehmen, was längst vermoderte andere Großväter dem eigenen angetan haben. Vielleicht liegt das Faszinierende an der Beschäftigung mit der Geschichte darin, daß man – bewußt oder meist unbewußt – von einer jener Fähigkeiten Gebrauch macht, die den Menschen vom Tier unterscheidet: sich als Spezies erinnern zu können. Wahrscheinlicher dünkt mich jedoch die Erklärung, daß der Mensch dazu neigt, sich an Katastrophen zu ergötzen, sofern sie nicht ihn selbst betreffen. Mit Sicherheit aber ist eins der Faszinosen der Geschichte deren Beschreibung. Die Geschichtsschreibung war immer, meine ich, eine der vorzüglichsten Disziplinen der Literatur. Nach vorgegebenem Stoff der Wahrheit des Geschehens durch bewußte Stilisierung versuchen nahe zu kommen, ist eine Aufgabe, die der Mühe lohnt, und sie befriedigt, sofern gelöst, den Schreiber wie den Leser.

Aber was ist (historische) Wahrheit? Sie ist fast nie zu ergründen. Die Quellen sind unvollständig und oft lügen sie. Zeitzeugen waren immer parteiisch. Durch die längst unüberschaubar gewordene Flut historischer Literatur haben sich um alles und jedes Krusten von Interpretationen ankristallisiert, die womöglich die Nachfolgenden (die meist Abschreiber sind) für Quellen halten. Man kommt also der Wahrheit am nächsten, wenn man sich im Klaren ist (und dem Leser klarmacht), daß man immer nur vermuten kann. Allerdings: wenn man im jeweiligen Fall jeweils das Schlechtere vermutet, dürfte man meist recht haben.

Ich habe oben gesagt, daß ich die Geschichtsschreibung für hohe literarische Kunst halte. Man wird sich daher fragen, wie ich es also wage, mit einem Gibbons, Gregorovius oder Mommsen in Konkurrenz zu treten. Nein, ich wage das nicht. Ich kenne, in aller Bescheidenheit, den Abstand zwischen jenen Helden der Vorzeit und mir, aber es sind in den letzten Jahren derartige Berge von literarischen Gebrechlichkeiten auf historischem Gebiet verfaßt worden, daß ich mich nicht zu scheuen brauche, mit *denen* in Konkurrenz zu treten.

Ich beginne mit der Blutspur.

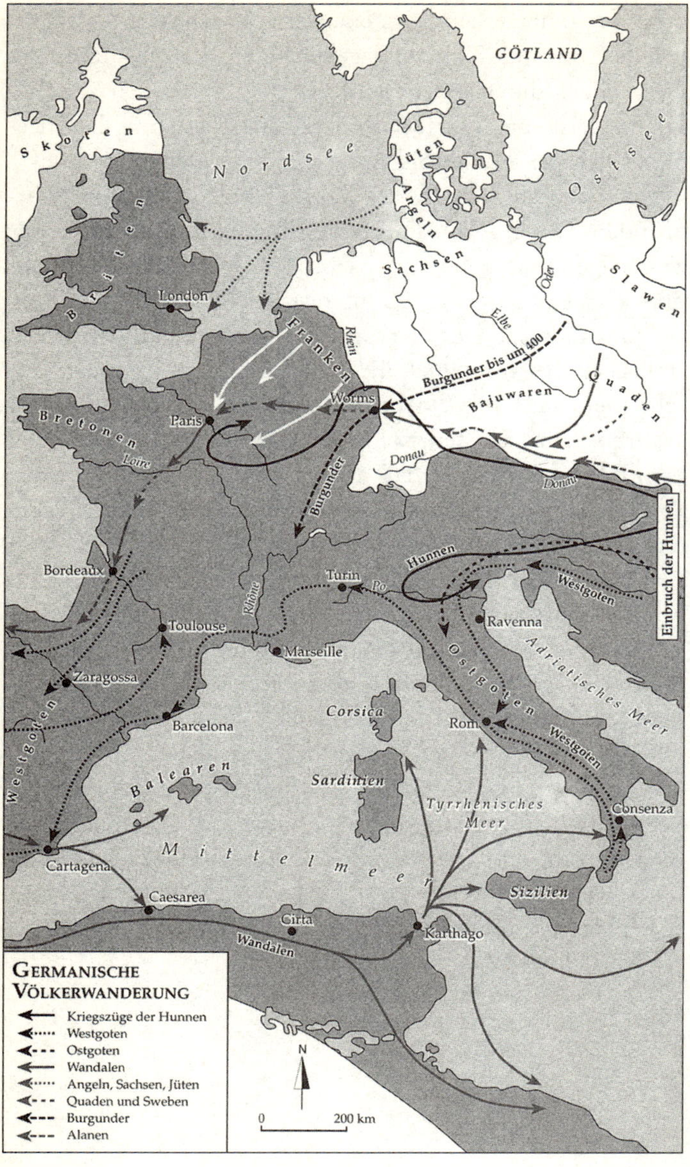
GÖTLAND
Skoten
Nordsee
Jüten
Angeln
Ostsee
Sachsen
Slawen
Oder
Elbe
Briten
London
Franken
Rhein
Burgunder bis um 400
Quaden
Bajuwaren
Bretonen
Paris
Worms
Loire
Donau
Donau
Burgunder
Einbruch der Hunnen
Hunnen
Westgoten
Bordeaux
Turin
Po
Rhône
Toulouse
Ravenna
Marseille
Adriatisches Meer
Zaragossa
Ostgoten
Corsica
Barcelona
Rom
Westgoten
Westgoten
Balearen
Sardinien
Tyrrhenisches Meer
Consenza
Cartagena
Mittelmeer
Caesarea
Sizilien
Cirta
Karthago
Wandalen
GERMANISCHE VÖLKERWANDERUNG
Kriegszüge der Hunnen
Westgoten
Ostgoten
Wandalen
Angeln, Sachsen, Jüten
Quaden und Sweben
Burgunder
Alanen
N
0
200 km

I. Teil

Völkerwanderung

Erstes Kapitel

Im ersten Kapitel muß der erste Deutsche mit Fug und Recht als Raufbold bezeichnet werden – Ariovist wird als Inhaber eines Schweizer Nummernkontos ins Gespräch gebracht – Caesar kommt, sieht, siegt jedoch erst später – der siegreiche Drusus fällt nicht auf dem Schlachtfeld, sondern vom Pferd – Marbod erhält erzieherischen Nachschliff in Rom – Hermann-Arminius entpuppt sich als der erste Wendehals in der Geschichte – Zwanzigtausend Mann sterben bei einer dreitägigen Hatz in der Knetterheide – Varus' Kopf wird an den Absender zurückgesandt – Tiberius ermöglicht den Germanen, sich hinter dem Rhein ungestört zu raufen.

Im sogenannten Dritten Reich hat es einmal eine selbstverständlich dubiose Ausstellung gegeben, die hieß ›Fünftausend Jahre Deutschland‹ (kann sein, sie hieß sogar: ›Zehntausend Jahre …‹). Zum Glück für dieses vorliegende Buch und seinen Autor braucht man aber nicht so weit auszuholen, um beim Versuch einer deutschen Geschichte den Anfang zu suchen.

Mit der Frage anzufangen, was »Deutschland« und »deutsch« ist, führt, so merkwürdig das klingt, von der Sache weg, denn es gibt keine gültige Antwort auf diese Frage, und so verstopfte ein Knäuel weniger wissenschaftlicher als professoraler (und daher einander widersprechender) Ansichten sofort den Anfang des Buches. Vielleicht ergibt sich die Andeutung einer Antwort im Verlauf der Kapitel.

Selbstverständlich ist es falsch, wenn man die Deutschen mit den Germanen gleichsetzt, es erweist sich jedoch als nützlich, die deutsche Geschichte mit der der Germanen beginnen zu lassen, denn miteinander zu tun haben sie ja dann wohl, die Deutschen und die Germanen, wenngleich nicht so viel, wie die schwachsinnige Rassenlehre eines Schultze-Naumburg und Mittäter behaupteten.

Die Germanen, ein damals rätselhaftes Volk, von dem Nietzsche einerseits als vom gesunden Rudel blonder Bestien schwärmte, anderseits es als »von kleinem Hirn und großen Füßen« apostrophierte – in Wirklichkeit ein ungeordneter Volkshaufen von wohl zweifelhaften Ausdünstungen, aber ungebrochener Rauflust –, traten erstmals gegen Ende des zweiten Jahrhunderts v. Chr. in Erscheinung, und zwar unangenehm.

Die genauen ursprünglichen Siedlungsräume der Germanen sind nicht mehr festzustellen, aber klar ist, daß es sich um weit nordwärts lebende Völkerschaften gehandelt hat, Barbaren aus griechischer und römischer Sicht. Der Name »Germania« ist ein pars pro toto: die Gallier bezeichneten so einen östlich von ihnen wohnenden Stamm, und der Name wurde dann im Gebrauch der römischen Geschichtsschreibung auf alle Völkerschaften übertragen. Eigene Überlieferung gibt es im ersten halben Jahrtausend germanischer (und damit, wenn man so will, deutscher) Geschichte nicht. Unsere Informationen stammen hauptsächlich aus Caesars Schriften und der ›Germania‹ des Tacitus, die allerdings erst um 100 n. Chr. entstanden ist. Wie nicht anders zu erwarten, stammen diese Nachrichten alle aus zweiter Hand und sind dementsprechend vorsichtig zu gebrauchen, zumal sie aus nicht unbedingt neutraler Sicht verfaßt sind. Die Nachricht Caesars, daß die Elche an Bäume gelehnt schlafen, weil sie keine Kniegelenke haben, und daß die Germanen sie fangen, indem sie dem schlafenden Elch den Baum wegsägen, dürfte auch hinsichtlich anderer Informationen aus römischen Werken zur Vorsicht mahnen.

Es könnte jedoch richtig sein, daß die Germanen – eine dem indoeuropäischen Sprachkreis angehörende ethnische Groß-Gruppe – im zweiten Jahrhundert vor Christus einen gewissen Grad der Zivilisation erreicht hatten, in Stammesverbänden lebten, sogar in begrenztem Umfang Ackerbau und Handel trieben. Gewisse politische Strukturen (mit fernen Erinnerungen ans Matriarchat) waren vorhanden, sie beruhten auf einer Geschlechterverfassung, d.h. dem Verbund von Familien, Großfamilien und Großfamiliengruppen. Es gab Freie, Halbfreie und Leibeigene, auch hatte sich eine Führungsschicht herausgebildet, die aus Fürsten und Herzögen bestand. Eine Religion war vorhanden. Caesar schreibt, es werden Sonne und Mond angebetet, der höchste Gott sei dem römischen Mercurius ähnlich. Gemeint war damit wohl Wotan/Odin; insgesamt also eine Naturreligion mit Aberglauben. (Manches davon, wie man im Umgang namentlich mit katholischer bäuerlicher Bevölkerung beobachten kann, hat sich, nun »Volksfrömmigkeit« genannt, bis heute erhalten. Es wäre ein besseres Erbe denkbar.) Die Kunsthervorbringungen waren dürftig.

Man vermutet, daß um 120 v. Chr. eine Springflut das Siedlungsgebiet der Cimbern in Jütland, im heutigen Dänemark, verwüstete und den Stamm zum Auswandern zwang. (Die Nachricht stammt vom griechischen Geographen Strabo.) Es war dies der Beginn eines sich über fünfhundert Jahre hinziehenden, in seiner historischen Wucht vielleicht einmaligen Phänomens, das wir die Völkerwanderung nennen, die aber eigentlich eine Germanenwanderung war und die antike Welt (zusammen mit den nicht anders als verheerend zu nennenden Folgen der sog. »Christianisierung«) so grundlegend veränderte, daß zuletzt das Unterste zuoberst gekehrt war und kein Stein der alten Weltordnung mehr auf dem anderen blieb. Daß diese einzige Springflut den ganzen Germanenerdrutsch ausgelöst haben sollte, ist unwahrscheinlich. Es gibt andere Theorien. Denkbar sind sozusagen mehrere Springfluten, also eine Klimaveränderung größeren Ausmaßes, oder eine Übervölkerung der ursprünglichen Siedlungsgebiete; oder – wozu ich mir erlaube zu neigen – die Germanen (oder ihre Führer) hatten einen intellektuellen Stand erreicht, der ihnen ermöglichte zu erkennen, daß es sich im Süden besser lebt.

Die Cimbern (oder Kimbern oder Kimberer, was soviel wie »Kämpfer« heißt) zogen jedenfalls nach Süden, die Elbe aufwärts, wurden von einem anderen Germanen- oder Keltenvolk, den Bojern (die, davon der Name, im heutigen Böhmen saßen und wohl die Vorfahren der Bayern waren), abgedrängt und erschienen 113 in der römischen Provinz Noricum (im heutigen Österreich). Die Römer waren völlig überrascht, denn sie waren sich von dieser Seite keiner Gefahr gewärtig. Im Lauf von zehn Jahren gelang es daher den Cimbern, die römischen Provinzen von Noricum bis Spanien zu verwüsten und den Römern den Begriff des cimbrischen oder teutonischen Schreckens einzubrennen. (Die falsche Anwendung geschichtlichen Bewußtseins hat im neunzehnten Jahrhundert, wirksam bis heute, diesen Terminus in manchen politischen Richtungen in Nachbarvölkern als Propagandapopanz wieder aufleben lassen.) Es war nämlich noch ein anderer Stamm, die Teutonen, aus Jütland zu den Cimbern gestoßen; die vereinigten Germanenhorden hatten dann Teile der (nicht germanischen, sondern keltischen) Helvetier mit sich gerissen und zogen kreuz und quer durch den Nordwesten und Westen des Reiches. In einer für die Römer furchteinflößenden Folge von Siegen überwanden sie alle Hindernisse: 113 v. Chr. bei Noreia, 109 und 108 an der Rhône und in den Pyrenäen, 105 bei Orange. Der »furor cimbricus« lähmte die Römer zeitweilig so, daß sie die Germanen für unschlagbar hielten. Es tat sich dabei einer der ersten Germanen hervor, den wir namentlich kennen, in der römischen Überlieferung Teutobodnus (also wohl Teutobod oder Teutoboch); ein »Dux« der Teutonen, nicht so sehr Stratege und Heerführer als eher Haudegen.

Von den Teutonen stammt das lateinische Adjektiv »teutonicus«, und über diesen Umweg entstand das deutsche Wort »deutsch«. Der erste also, der mit einigem Fug als Deutscher genannt werden kann, war ein Raufbold.

Da übernahm auf römischer Seite einer der fähigsten Feldherrn seiner Zeit, Marius, als Konsul das Kommando an der cimbrisch-teutonischen Front. Er hatte eben den schwierigen Krieg gegen Jugurtha in Africa siegreich beendet, und wenn einer die Germanen am Ohr zu nehmen in der Lage war, meinten die Römer, dann er. Sie täuschten sich nicht. Nach sorgfältiger Vorbereitung – zu der die Cimbern und Teutonen seltsamerweise dadurch Gelegenheit gaben, daß sie für drei Jahre spurlos verschwanden – schlug Marius die wieder aufgetauchten Teutonen bei Aquae Sextiae (heute Aix-en-Provence) 102 v. Chr. Dabei wurde oben genannter Teutobodnus gefangen, später in Rom im Triumph mitgeführt und dann getötet. Bald danach, am 30. Juli 101, schlug Marius (vereint mit dem Konsul Catulus) auf den Raudischen Feldern bei Vercellae (Vercelli in der Lombardei) auch die Cimbern. Hätten sich die Cimbern und Teutonen nicht getrennt, wäre es den Römern wohl nicht möglich gewesen, diese geballte germanische Kraft zu zerschlagen. Die Welt sähe heute – wieder einmal sozusagen – anders aus.

Marius schlug nicht nur die germanischen Heere, er rieb die Völker auf. Außer den wehrfähigen Männern wurden auch die Alten, die Frauen und die Kinder geschlachtet. Geringe Reste gingen in die Sklaverei. Über die Zahlen herrscht Unklarheit wie über alle diesbezüglichen Angaben in antiken Quellen. Die römische Tradition nennt horrende Zahlen, erwähnt Hunderttausende ziehender Germanen, was schon aus logistischen Gründen völlig unwahrscheinlich ist. Freilich übertrieben die römischen Geschichtsschreiber, schon um die Größe der Gefahr und dann das Verdienst um die Rettung des Vaterlandes herauszustreichen.

So endete das erste deutsche Abenteuer in einem Desaster, was aber die Deutschen nicht hinderte, bald – »bald« im welthistorischen Sinn – neue Abenteuer zu wagen.

Auch das nächste Abenteuer eines Germanenstammes (nur 30 Jahre später) endete nach anfänglichen Erfolgen im Verderb. Diese Geschichte ist erzählenswert, weil sie ein Muster aufzeigt, das sich bis heute immer und immer wiederholt hat.

Gallien war von Kelten bewohnt. Es war kein einheitlicher Staat, vielmehr zerfiel das Land, ähnlich wie bei den Germanen, in zahlreiche Stammesgebiete, die sich nicht selten, wie bei Verwandten üblich, bekriegten. Im Norden Galliens lebten unter anderem die Sequaner und die Arverner und stritten mit den benachbarten Aeduern. Die Sequaner und Arverner behaupteten, die Aeduer hätten angefangen, die Aeduer wiederum behaupteten, nein, die Arverner und Sequaner waren die Bösen, und so fort. Es kam zum Krieg. Als das Kriegsglück sich den Aeduern zuwandte, taten die Sequaner das Falscheste, was man tun kann, was jedoch die ganze blutige Weltgeschichte hindurch getan wird: sie riefen einen bisher unbeteiligten, vermeintlich starken Dritten zu Hilfe. Der hieß Ariovist und war der »Dux« der am rechten Ufer des Oberrheins (im heutigen Baden) siedelnden Sueven, eines germanischen Stammes, der inzwischen aus dem nebeligen Norden hierher gewandert war.

Im Gegensatz zum Raufbold Teutobodnus war Ariovist ein wirklicher Heerführer. Vielleicht hatte er aus der Geschichte gelernt: allerdings das Unliebenswürdigste – Krieg zu führen. Er zog 71 v. Chr. über den Rhein, schlug die Aeduer aufs Haupt, machte sie tributpflichtig – und tat was? Er blieb, und mit ihm angeblich hundertzwanzigtausend Germanen. (In Wahrheit, siehe oben, wohl weit weniger, aber genug, um den Galliern im Weg zu liegen.)

Es kam, wie es kommen mußte: die Sequaner wollten den Befreier wieder loswerden, aber der Befreier, also Ariovist, machte nun (um 60 v. Chr.) Miene, auch die befreundeten Sequaner noch mehr zu befreien, das heißt, den Germanen zu unterwerfen, worauf die Sequaner den ganz großen Knüppel zu ziehen meinten und die Römer zu Hilfe riefen.

Caesar kam, sah, siegte zwar nicht gleich, wohl aber 58 v. Chr. beim heutigen Nieder-Aspach im Elsaß. Die Sueven wurden vernichtet. Und diesmal ergab sich ein neues Muster: nur die Frontschweine krepierten. Der Hauptschurke, also der General, entkam. Ariovist floh über den Rhein in die heutige Schweiz und errichtete vielleicht das erste Nummernkonto.

So waren die Sequaner befreit – um den Preis, um unter die römische Fuchtel zu kommen, denn auch der freundliche Helfer Caesar blieb selbstverständlich. Es folgte der Gallische Krieg, in dessen Folge ganz Gallien zu römischen Provinzen gemacht wurde. (Ohne Ausnahme eines leider nur legendären Ortes mit einem Zaubertrank.)

Einem ähnlichen Abenteuer zweier anderer germanischer Stämme, der Usipeter und Tenkterer, ging es drei Jahre später nicht anders als den Sueven. Danach war eine Zeit lang Ruhe.

*

Nach fast hundert Jahren Bürgerkrieg, der den Bestand des Römischen Reiches auf eine Zerreißprobe stellte, gelang es dem nicht genug zu bewundernden jungen, um nicht zu sagen blutjungen Gaius Octavius, der sich nach der von ihm behaupteten (rechtlich gar nicht möglichen) testamentarischen Adoption seitens seines Großonkels Caesar seit 44 v. Chr. Gaius Julius Caesar Divi Filius nannte, später mit dem Titel »Augustus« ausgezeichnet wurde und so in die Geschichte einging (Octavian hieß er, entgegen aller modernerer Geschichtsschreibung, nie), das Reich zu konsolidieren. Es reichte, als Octavius nach der Schlacht bei Actium (31 v. Chr.) die Alleinherrschaft erlangte, von Spanien bis zum Kaukasus (unter Einbeziehung einiger halbselbständiger Klientelstaaten), umfaßte auch Nordafrica vom heutigen Tunis bis Ägypten sowie Palästina, außerdem so gut wie das ganze heutige Frankreich.

Der von Augustus proklamierte Kaiserfriede (dessen Denkmal die schöne Ara pacis zu Rom ist) war jedoch nur Ideologie, jedenfalls, was die äußeren Angelegenheiten betraf. Das Kaiserreich führte, solange es bestand, einen Zweifrontenkrieg: im Osten gegen die parthischen und persischen Reiche, im Norden gegen die Germanen (abgesehen von zeitlich und räumlich begrenzten Bedrohungen durch Illyrer, Daker usw.). Zwar waren die Germanen durch Caesars Siege beruhigt und hinter den Rhein zurückgedrängt, sie blieben jedoch eine Gefahr. Es war, als schäume eine nur mühsam zurückgehaltene Brandung östlich des Rheins und nördlich der Alpen auf und könne jederzeit wieder ins Reichsinnere lecken. So beschloß Augustus, die Reichsgrenzen bis zur Donau und zur Elbe vorzuschieben. Das erste gelang durch die Feldzüge seiner Stiefsöhne Drusus und Tiberius. Besonders der begabte, junge Drusus tat sich hervor. Er marschierte mit seinen Legionen Etsch und Eisack aufwärts, besiegte und unterwarf die

Raeter, worauf die Provinz Raetia errichtet wurde, deren (für Jahrhunderte einigermaßen sichere) Nordgrenze tatsächlich wie vorgesehen die Donau wurde. Dem Drusus wurde 15 v. Chr. in der Tropaea Augusti ein Denkmal gesetzt und ungefähr eintausendneunhundert und einige Jahre später ein weiteres Denkmal, das heute noch Bozen verunziert: das faschistische Siegesmal an der Talferbrücke, auf das Mussolini den überheblichen Spruch: »Hic patriae fines siste signa. Hinc ceteros excoluimus lingua legibus artibus« anbringen ließ. Der Spruch hätte seine Berechtigung, wenn Mussolinis Italiener Römer gewesen wären; waren sie aber nicht, so wenig wie die heutigen Griechen Hellenen, die heutigen Franzosen Gallier und die heutigen Deutschen Germanen sind. Es dürfte eines der Grundübel in der Beziehung der Völker untereinander sein, daß sie hauptsächlich ererbte Feindschaften (und bloß ererbte Verdienste) mit sich schleppen.

*

Der Feldzug des Drusus 15 v. Chr. und die Errichtung der Provinz Raetia berührte die Germanen höchstens indirekt. Die aus der Barbarei in die römische Zivilisation und Kultur wenngleich zwangsweise überführten (man kann natürlich auch sagen: unterjochten) Völker, die Raetier, Helvetier usw., waren keine Germanen, sondern Kelten. Die Germanen waren aber mit Sicherheit nicht erfreut, nun die römische Grenze bis zur Donau vorgerückt zu sehen, den Feind sozusagen auf Rufweite wie am Rhein; zumal sich inzwischen das erste germanische größere Gemeinwesen herausgebildet hatte, das einigermaßen als Staat bezeichnet werden kann: das Reich des Herzogs oder Königs Marbod.

Marbods Biographie, von der wir einiges aus den Schriften Strabos, Tacitus' und vor allem des (allerdings mit Vorsicht zu genießenden) Velleius Paterculus wissen, beleuchtet sehr gut das inzwischen gewandelte Verhältnis der Germanen zu Rom und umgekehrt. Es war ja nicht zu vermeiden gewesen, daß einerseits Germanen (als Händler, Siedler und – vor allem – Söldner) über die Grenze sickerten, anderseits bei den Germanen sich die Erkenntnis von den Vorteilen und der Überlegenheit römischer Zivilisation und Kultur ausbreitete. Marbod – dessen Name germanisch Merabadwaz lautete, unaussprechlich für die Römer, die sich statt dessen der keltischen Version dieses Namens bedienten: Maroboduus – stammte aus einem markomannischen Adelsgeschlecht und gelangte als junger Mann nach Rom. Es war offenbar nicht unüblich, Fürstensöhne zum erzieherischen Nachschliff an den Kaiserhof zu schicken. Marbod lernte Latein, und er lernte römische Staatskunst und Militärorganisation kennen. Augustus soll den gelehrigen Germanen geschätzt haben.

Das alles geschah zu einer Zeit, als die Sicherung des Reiches durch die Donaugrenze schon vollständig, die Elbegrenze aber nicht erreicht war. So erfolgreich Drusus in Raetien war, so wenig konnte er im Norden ausrichten. Er schlug sich zwar, manchmal auch erfolgreich, mit Usipetern, Sugambrern, Cheruskern, Tenkterern und Chatten herum (die alle inzwischen vom offenbar immer stärker werdenden Sog nach Süden ergriffen worden waren), konnte sich auch zeitweilig im Maingebiet festsetzen, aber bei einem Vorstoß mit seinen Legionen an die Saale fiel er vom Pferd – so etwas kann, sagt man, auch dem besten Reiter passieren – und starb 9 v. Chr. an den Folgen dieses Sturzes.

Betrachtete Augustus, der wie mancher Realpolitiker doch auch ziemlich abergläubisch war, diesen Unfall als Omen? Er gab das ganze Unternehmen auf. Die Römer zogen sich hinter den Rhein zurück, der als Grenze allerdings unangefochten blieb.

Um eben diese Zeit kehrte Marbod in seine Heimat zurück, riß die Königswürde über den Markomannenstamm an sich (die Markomannen gehörten zum Völkerzweig der Sueven) und führte ihn aus der gefährlichen Nähe zu den Römern – die Markomannen siedelten im Schwarzwald – ins heutige Böhmen, das von den Bojern verlassen worden war. Man sieht daran, daß die Germanen zwar nicht gerade nomadisch veranlagt, aber geographisch gesehen ziemlich gelenkig waren. Durch Kriege, aber auch durch Verträge unterwarf Marbod mehrere andere Germanenstämme und band sie an sich. Sein bereits bemerkenswert zivilisiertes Reich reichte nun von der Donau bis zur Ostsee und von der Elbe bis an die Weichsel.

Marbod befleißigte sich durchaus einer romfreundlichen Haltung, aber mit zunehmender Befestigung seiner Macht riskierte er wohl auch schon selbstbewußtere Töne gegenüber Rom. Die Ansichten Roms in puncto Germanen hatten sich inzwischen wohl auch gewandelt. Betrachtete man die Feldzüge früher als Züchtigungen aufmüpfiger Halbwilder, so befleißigte man sich jetzt einer eher sozusagen außenpolitischen Haltung.

Augustus betrachtete das freche Auftreten einiger markomannischer Gesandter in Rom als Unverschämtheit, vor allem aber das stehende Heer Marbods (das nach Velleius siebzigtausend Fußsoldaten und viertausend Reiter gezählt haben soll, wenn es wahr ist; aber selbst die Hälfte wäre imponierend genug gewesen) als Bedrohung. Tiberius, Augustus' Kronprinz, und der römische General Saturdinus unternahmen daher einen überraschenden Feldzug gegen die Markomannen (6 n. Chr.), doch kam es zu keiner Entscheidung, denn es brach in Pannonien (dem heutigen Ungarn) ein gefährlicher Aufstand aus, und Tiberius mußte schleunigst umkehren, um diesen Aufstand niederzuschlagen.

Marbod trug den Römern diesen Überfall nicht nach, erneuerte sogar einen Treuevertrag mit für ihn günstigen Bedingungen. Den Römern blieb nichts anderes übrig, denn inzwischen ereignete sich weiter im Norden Unangenehmes.

*

Die Römer hatten sich zwar mit der Rheingrenze abgefunden, betrachteten allerdings dennoch das Gebiet östlich davon, also das, was sie Germania nannten und was tatsächlich unter anderem von mehr oder weniger ungeordneten germanischen Stämmen bewohnt war, als eigentlich zum Reich gehörig. Augustus sandte einen entfernten Verwandten, den Schwiegersohn seiner Schwester Octavia, Publius Quinctilius Varus, als Legat und Proprätor nach Germanien. Varus hatte zuvor in den Wirren und Thronstreitigkeiten in Palästina nach Herodes' d. Gr. Tod mit scharfer Hand im römischen Sinn Ordnung geschaffen, und so nahm Augustus wohl an, daß sich Varus auch im Norden bewähren werde. Eine Provinz »Germania« gab es (noch) nicht, aber erstens lebten links des Rheins Germanen als römische Untertanen, und zweitens schillerte der römische Machtanspruch über den Rhein hinüber.

Es kam anders. Tacitus und Cassius Dio berichten (allerdings aus größerem zeitlichen Abstand), daß Varus übereilt römische Rechtsstaatlichkeit (Steuern, Verwaltung, Justiz) den linksrheinischen Germanen aufzuzwingen versuchte, worauf bei diesen verständlicher Unmut ausbrach.

Und es gab da einen Mann namens Hermann, genannt der Cherusker. Er stammte aus fürstlicher Familie, Sohn eines Segimer, und war wie Marbod in Rom am Kaiserhof erzogen. Er kehrte allerdings anders als Marbod vorerst nicht in seine Heimat zurück. Es zeigt sich an der Biographie Hermanns, den die Römer Arminius nannten, schon die Unschärfe der

Beziehung Römer – Germanen, die in der Folge noch zunehmen sollte. Es konnte schon keine Rede mehr davon sein, daß hier Römer, dort Germanen standen. Viel zu oft kämpften inzwischen auf römischer Seite Germanen auch gegen ihre Stammesgenossen (woran übrigens niemand patriotischen Anstoß nahm), so eben jener Arminius, der von 4 bis 6 n. Chr. als Tribun (Stabsoffizier, also so etwas wie Generalleutnant) im römischen Heer diente, auch im Feldzug des Tiberius gegen die Germanen. Arminius kommandierte germanische Hilfstruppen. Als Dank für treue Dienste erhielt er – der erste Germane, von dem das bekannt ist – das römische Bürgerrecht und wurde in den Ritterstand erhoben.

Er ist erst nach dieser glänzenden Laufbahn nach Germanien zurückgekehrt. Über den Cheruskerstamm herrschte immer noch Hermanns Vater Segimer als Fürst, und Segimer war das Haupt der sich anbahnenden Verschwörung gegen die Römer. Unter väterlichem Einfluß vielleicht, vielleicht auch aus anderen Gründen, wechselte Hermann seine politischen Ansichten und ins Lager der Verschwörer. Aber Hermann-Arminius als Generalleutnant a. D. und damit auch sein Vater waren gern gesehene Gäste bei Varus drüben jenseits des Rheins – so berichtet Tacitus –, und ganz trocken wird es dabei auch nicht zugegangen sein. So wiegte Hermann den Römer in Sicherheit.

Inzwischen hatte Hermann unter den Häuptlingen mehrerer anderer Stämme Stimmung für einen Aufstand gegen Rom gemacht. Der Sinneswandel Hermanns vom Römerfreund zum Gegner ist, wenn man zugunsten des Germanen urteilen will, aus der vielleicht wirklich dummen und repressiven Kolonisierungspolitik des Varus zu erklären. Jedenfalls ging Hermann energisch vor, schreckte auch nicht davor zurück, andersgesinnte Fürsten, etwa den Ampsivarier-Häuptling Boiocalus (germanisch Beulabl?) kaltzustellen.

Im Herbst 9 n. Chr. gaukelte Hermann dem Varus vor, es sei weit im Osten ein gefährlicher Aufstand ausgebrochen. Varus glaubte ihm und ließ sich dadurch mit seiner ganzen Armee in einen wohlvorbereiteten Hinterhalt locken. Noch in der Nacht vor dem Abmarsch warnte ein römerfreundlicher Cherusker namens Segestes den Varus, der aber die Warnung in den Wind schlug und in sein Verderben rannte. Auch ein Vorgang, der sich in der Geschichte nicht selten wiederholen wird.

Drei Legionen, drei Alen und sechs Kohorten wurden nicht eigentlich in einer Feldschlacht (wie in dem eher unfreiwillig komischen Drama Klopstocks dargestellt), sondern in einer drei Tage (vom 9. bis 11. September) währenden Hatz durch Hohlwege und unwegsames, den Römern nicht geläufiges Gelände niedergemetzelt. Es dürfte sich um etwa zwanzigtausend Mann gehandelt haben, etwa ein Achtel des gesamten römischen Heeres. Augustus' Zorn soll grenzenlos gewesen sein, verständlicherweise.

Der Ort der Schlacht wird von Tacitus »Teutoburger Wald« genannt; bis heute streiten sich die Gelehrten darüber, wo das Schlachtfeld zu finden sei. Man ist sich einig darüber, daß es nicht in dem heute Teutoburger Wald genannten Gebiet zu suchen ist, möglicherweise aber, so die neueste Theorie, auf der sogenannten Knetterheide zwischen Minden und Paderborn. Aber es gibt wahrscheinlich gar kein Schlachtfeld im engeren Sinn. Als die Römer erkannt hatten, daß sie in einen Hinterhalt geraten waren, versuchten sie wohl zurückzudrängen, dann zu fliehen, und es dürfte sich jede Ordnung aufgelöst haben, so daß es den Germanen ein leichtes war, die wohl bald demoralisierten Legionäre abzustechen.

Varus entleibte sich. Hermann schnitt ihm danach den Kopf ab und schickte ihn zu Marbod. Der hatte sich, obwohl ihn Hermann dazu aufgefordert hatte, der Aktion der Cherusker nicht angeschlossen und Neutralität bewahrt. Hermann hoffte jetzt mit Übersendung dieses blutigen Siegeszeichens Marbod doch noch zu bewegen, offen gegen die Römer, nämlich die Festung Mainz zu marschieren. Marbod aber schickte den Kopf – um eine ehrenvolle Bestattung zu ermöglichen – nach Rom. Diese Absage an Hermann bewog andere Germanenfürsten, u. a. obenerwähnten Segestes, sich von Hermann abzuwenden. Die als Fanal gedachte Vernichtung der Armee Varus' wirkte nicht so, wie von Hermann gewünscht. Es kam zu kleinlichen Streitigkeiten unter den Germanen, auch zu einem förmlichen Krieg zwischen den Cheruskern und den Markomannen, der zum Zerfall von Marbods Reich führte. Marbod, nun auch von einem Teil seiner eigenen Unterfürsten verlassen, mußte auf römisches Gebiet fliehen. Er starb als Flüchtling in Ravenna.

Die Römer ließen die Schande der Varus-Niederlage natürlich nicht auf sich sitzen. Augustus erlebte die Rache oder den Versuch dazu nicht mehr. Er starb 14 n. Chr. Sein Nachfolger Tiberius beauftragte seinen Neffen Germanicus (den Sohn jenes vom Pferd gefallenen Drusus) mit der Strafexpedition gegen Hermann. Germanicus war ein fähiger General und taktierte besser als Varus. Er drang bis in den »Teutoburger Wald« vor (Spätherbst 14 und dann 15 n. Chr.), konnte die noch herumliegenden Gebeine der gefallenen Legionäre bestatten, eroberte sogar zwei Feldzeichen (Legionsadler) zurück, befreite den von Hermann bedrängten und belagerten Segestes, schlug die Germanen in mehreren Schlachten, mußte aber, namentlich auch durch Naturkatastrophen, große eigene Verluste hinnehmen. Letzten Endes konnte er die Scharte des Varus-Desasters nicht auswetzen, und 17 n. Chr. ließ Tiberius, wohl vernünftigerweise, das ganze Unternehmen abbrechen. Das Römische Reich begnügte sich von da an endgültig mit der Rheingrenze, die allerdings stärker als bisher gesichert wurde. »Das Land bis zur Elbe blieb durch die Niederlage des Varus davor bewahrt, in die pax Romana einbezogen zu werden, die dort ansässigen Stämme konnten als freie Germanen sich weiter untereinander befehden.« (Heinz Cüppers in Kleiner Pauly, Art. Germania.)

Hermann-Arminius machte von diesen Möglichkeiten ausgiebigen Gebrauch. Im Jahr 19 n. Chr. fiel er durch Hinterlist seiner eigenen Verwandten, die, so Tacitus, ihn verdächtigten, nach der Königswürde zu streben. Vermutlich ist die Gestalt und das Schicksal dieses wohl wirklich eigenartigen Mannes, der im Alter von nur siebenunddreißig Jahren durch Verrat zu Tode kam, der historische Kern der Siegfried-Sage.

Zweites Kapitel

Im zweiten Kapitel betreten die Markomannen die Bühne des historischen Geschehens – die Mongolen lösen ein zweihundert Jahre dauerndes Umfallen von Dominosteinen aus – Marc Aurel stirbt nach einigen siegreichen Scharmützeln auf dem heutigen Hohen Markt in Wien – Claudius II. kann den Goten nachhaltig den Scheitel nachziehen – eines der ältesten Sprachdenkmäler entpuppt sich als ein fast ketzerisches – die Frage nach den Kochgewohnheiten und Beißtechniken der Hunnen wird aufgeworfen – Theodosius stellt die Germanen ruhig – des arbeitsamen Landlebens müde, enthaupten die Goten nicht nur griechische Statuen – buntgemischte Desperados ziehen über die Alpen nach Rom – die Nibelungensage wird auf historische Tatsachen gestellt – die Alemannen beginnen, Häusle zu bauen und Käse zuzubereiten – die Völkerwanderung artet zur politischen Privatoperette aus.

Das folgende Kapitel der, wenn man so will, deutschen Geschichte schrieben die Markomannen, und zwar auch blutig.

Marbods Reich war untergegangen. Die Reste dieses Reiches beschränkten sich auf das heutige Böhmen, und dort herrschte der Häuptling, der Marbod vertrieben hatte: Katwalda (oder lateinisch Catualda), der sich allerdings auch nicht lang hielt. Es war noch Germanicus, der 19 n. Chr. einen gewissen Vannius zum König der Markomannen einsetzte. Vannius, dessen germanischen Namen wir nicht kennen, war kein Markomanne, sondern Quade. Die Quaden waren ein den Markomannen verwandter, ebenfalls suevischer Stamm. Vannius war ein von der Gunst Roms abhängiger Klientelfürst, der es verstand, den aus dem heutigen Böhmen und Mähren bestehenden Staat dreißig Jahre lang friedlich zu regieren. Im Jahr 50 oder 51 aber brachen aus Schlesien andere Germanenhorden ein, und zwei Neffen des Vannius, Vangio und Sido, vertrieben diesen, der sich schutzflehend an den inzwischen regierenden Kaiser Claudius wandte, der jedoch keine Hilfe, sondern nur ein Exil in Pannonien gewährte. Vangio und Sido erwiesen sich aber – bestochen mit römischem Geld – als römerfreundlich; Markomannen und Quaden kämpften 69 als Hilfstruppen unter Vespasian.

Das Geld hatten die so urwüchsigen und kerngesunden Germanen (waren sie das wirklich? oder waren sie nur ungehobelt?) sehr schnell kennengelernt; vor allem die Annehmlichkeit, es zu haben.

Alles in allem blieb das Verhältnis zwischen den Römern und den Germanen hier an der Donaugrenze gut, wenn es auch ab und zu (gegen Ende des Jahrhunderts) zu Reibereien kam. Die Markomannen versuchten 89, 92 und 97 über die Donau vorzustoßen, holten sich aber immer eine blutige Nase. Letzten Endes blieb das alte Klientelverhältnis bestehen und hielt an die hundert Jahre.

*

Die Chaostheorie besagt, daß ein Schmetterlingsflügelschlag durch fortgesetzte Fortsetzungen und Resonanz irgendwoanders in der Welt einen Staudamm zum Bersten bringen könne.

Die Geschichte kennt solche Fälle. Weit im Osten, in einem Teil der Welt, von dem weder Römer noch Germanen eine Ahnung hatten, fand um die Zeitenwende eine Schlacht statt. Die Chinesen besiegten die barbarischen Nordvölker: die Mongolen, und sie zwangen die bisherigen Nomaden, seßhaft zu werden. Aber ein kleiner Teil der Mongolen entkam und setzte sich westwärts ab. Er stieß auf Turkvölker, verdrängte sie, diese schoben Skythen vor sich her usw., wie beim Umfallen von Dominosteinen, nur daß das Umfallen fast zweihundert Jahre dauerte. Der letzte Dominostein, der fiel, war ein Germanenvolk, das später noch eine bedeutende Rolle in der Geschichte spielen sollte: die Goten. Sie waren aus Südschweden (Gotland?) gekommen und siedelten an der Weichselmündung, als sie von der eben geschilderten Bewegung gegen die Markomannen und Quaden gedrückt wurden. (Später wichen die Goten nach Südosten aus; davon wird noch die Rede sein.)

Markomannen und Quaden, so bedrängt, setzten nun wiederum dazu an, über die Donau ins Römische Reich einzufallen. Ihr König Ballomarius wußte, daß Rom – es regierte Kaiser Marc Aurel – alle Hände voll zu tun hatte, um in Asien die Parther abzuwehren. 166 gelang der Übergang noch nicht ganz, aber 168 bedrohte Ballomarius' Invasion die Provinz Pannonien derart, daß der Kaiser selbst an der Spitze eines Heeres hierher eilte. Das allein veranlaßte die Germanen, sich schleunigst wieder über die Donau zurückzuziehen. Vorsicht ist der bessere Teil der Tapferkeit. Marc Aurel ließ seinen Mitregenten und Schwiegersohn Lucius Verus als Statthalter zurück, doch als Verus 169 starb, waren die Markomannen sofort wieder da, überschritten die Julischen Alpen, drängten zur Adria und belagerten Aquileia.

Der cimbrische Horror war wieder da! Das erste Mal seit über einem Vierteljahrtausend plünderten und mordeten

Germanen an den Grenzen des römischen Kernlandes Italien.

So schnell es ging, rückte Marc Aurel wieder heran, und wieder schreckte allein diese Nachricht die Markomannen und Quaden (und ihre zum Teil nicht-germanischen Verbündeten) so, daß sie sich ziemlich fluchtartig aus Oberitalien zurückzogen. Marc Aurel setzte ihnen nach, er und sein Feldherr Pompeianus vertrieben sie dann aus allen Provinzen. 171 zwang Marc Aurel den einen Teil der Germanen, nämlich die Quaden, zum Frieden, worauf er mit geringerer Mühe den anderen Teil, die Markomannen, an der Donau schlug und dann (173) die Residenz des Ballomarius eroberte. Er diktierte einen für die Markomannen schmählichen Frieden, was dazu führte, daß sie einige Jahre später die Schmach abschütteln wollten, worauf es zu einem zweiten Krieg kam, der von 177 bis 180 dauerte. Die einzelnen Stationen dieses – letzten Endes für Rom siegreichen – Feldzuges sind auf der Marc-Aurel-Säule in Rom dargestellt, jenem Triumphmonument, das zu Ehren Marc Aurels nach dem Vorbild der Trajanssäule errichtet wurde und heute noch steht (allerdings mit einem Paulus anstatt der Kaiserstatue gekrönt).

Marc Aurel hatte geplant, das Markomannenland jenseits der Donau zur römischen Provinz Marcomannia zu machen. Dazu kam es nicht mehr. Der Kaiser starb im März 180 im Militärlager Vindobona, das genau dort lag, wo sich heute der Hohe Markt in Wien erstreckt.

So kamen die Markomannen zu einem, alles in allem betrachtet, für einen Aggressor unverdient glimpflichen Frieden. Sie mußten einen sechseinhalb Kilometer breiten Streifen jenseits der Donau räumen und ein Söldnerkontingent (wohl für den Partherkrieg) stellen. Ob ein Teil von ihnen als Colonen in der Gegend von Ravenna siedeln *mußten* oder aber *durften*, ist schwer zu entscheiden. Jedenfalls führten sie sich dermaßen schlecht auf, daß sie später nach Gallien umgesiedelt werden mußten.

*

Die Aufzählung der weiteren Scharmützel, welthistorischen Nadelstiche und des Hin und Her zwischen Römern und Germanen, die manchmal in den Reihen der Legionen kämpften, manchmal ein wenig in den Provinzen plünderten, würde ermüden und ist fürs Ganze uninteressant.

Die genaue Geschichte der Völkerwanderung umfaßt viele Bände, die natürlich alle längst geschrieben sind. Eine einigermaßen einleuchtende Chronologie zu geben ist bei der Gleichzeitigkeit der vielen Ereignisse, der Komplexität der oft gegenläufigen Bewegungen schwierig. Es war ein mehrere Jahrhunderte hindurch währendes Zerfurchen Europas, dem die Regierungen und Kaiser des zerfallenden Römischen Reiches meist hilflos, oft auch tatenlos gegenüber standen.

Die Vorgänge darzustellen wird dadurch nicht leichter, daß nicht immer, wie erwähnt, Germanen gegen Römer standen, sondern oft genug Germanen mit Römern verbündet gegen ihresgleichen kämpften, und daß an den wilden Wanderzügen nicht nur Germanen, sondern auch Völker keltischer und anderer Herkunft (Jazygen, Sarmaten, Skythen) beteiligt waren und zuletzt die in die von Germanen verlassenen Gebiete nachrückenden Slawen – abgesehen von den zwar ephemeren, aber eindrücklichen Beiträgen, die die Hunnen und die Avaren (mongolische Völker) leisteten.

Wie fast immer in der Geschichte gibt es kein fixes Datum, an dem man mit der Darstellung anfangen könnte. Es trat nicht am 1. Januar des Jahres X ein Herold auf den Balkon der Nibelungenburg, stieß in seine Trompete und verkündete: »Nunmehr beginnt die Völkerwanderung! Rechts um! Marsch!«

Im Grunde, wie schon oben erwähnt, waren die Cimbern- und Teutoneneinfälle und dann erst recht die Markomannen- und Quadenvorstöße eine Art Wetterleuchten der Völkerwanderung. Das eigentliche Gewitter setzt dann Ende des vierten Jahrhunderts ein. Die mongolischen Hunnen hatten zu der Zeit die zu Boden gefallenen Dominosteine in Mittelasien und im heutigen Rußland überrannt und bedrängten nun die am weitesten östlich siedelnden Germanen, die Goten.

Wie schon berichtet, stammten die Goten ursprünglich aus Südschweden. Aus unbekannten Gründen zogen sie kurz vor Christi Geburt (von der sie natürlich nichts ahnten, obwohl sie später mit die ersten christlichen Germanen sein sollten) an die Weichselmündung, später, durch andere germanische und nicht-germanische Stämme gedrängt, verließen sie dieses Land wieder und nahmen vom fruchtbaren, flachen und damals wohl kaum besiedelten Land am unteren Dnjepr, der heutigen Ukraine, Besitz. Um 230 bildete sich dort ein für germanische Begriffe hochentwickeltes Staatswesen. Es gab sogar Kunsthandwerk.

Bald nachdem sie – vorläufig – seßhaft wurden, spalteten sie sich in zwei Stammesgruppen auf, die (im nachhinein) Ostgoten und Westgoten genannt wurden und ihre jeweils eigenen Wege gingen. Beide machten jedoch zunächst durch Einfälle ins Reich Schwierigkeiten. Erst Kaiser Claudius II., der sich davon den Ehrennamen Gothicus verdiente, konnte ihnen 270/71 deutlich den Scheitel nachziehen, so daß sie hundert Jahre Ruhe gaben.

Mitte des 4. Jahrhunderts, als das Christentum im Römischen Reich zwar nicht, wie oft fälschlich behauptet, Staatsreligion, wohl aber seit dem Edikt von Mailand 313 den anderen Religionen gleichgestellt worden war, kamen unter anderem die Goten damit in Berührung, und zwar vermutlich dadurch, daß sie auf ihren erwähnten, fast jährlich wiederholten Kriegs- und Raubzügen Gefangene mit sich schleppten, von denen einige Christen waren und möglicherweise Kleriker, die zwar beileibe nicht alle Gotenstämme bekehrten, jedoch den Kern einer nicht unbeträchtlichen gotischen Christengemeinde bildeten.

Diesem Umstand verdanken wir eines der ältesten deutschen Sprachdenkmäler: die gotische Bibelübersetzung durch den Gotenbischof Ulfilas oder Wulfilas.

Ulfilas war Halbgote, d.h. mütterlicherseits Abkömmling kappadokischer Kriegsgefangener. Er lehrte, predigte und schrieb in griechischer, lateinischer und gotischer Sprache. Für seine – unvollständig erhaltene – Bibelübersetzung erfand er ein eigenes gotisches Alphabet, kombiniert aus griechischen und lateinischen Buchstaben sowie Runen. Nachdem Ulfilas – es war Mitte des vierten Jahrhunderts – eine Zeitlang als Bischof der Goten gewirkt hatte, brach unter ihnen eine Christenverfolgung aus, und er mußte sich mit seiner Gemeinde auf römisches Gebiet flüchten.

Das war eine germanische Christenverfolgung. Die römischen Christenverfolgungen hatten seit dem Anfang des vierten Jahrhunderts aufgehört, was die Christen in den Stand setzte, nun ihrerseits die Andersgläubigen zu verfolgen. (Die Zahl der Märtyrer *durch* die Kirche ist vermutlich ungleich höher als die der Märtyrer der Kirche.)

Vor allem aber befleißigte sich die nun freie und bald sogar kaiserlich-privilegierte Kirche ausgefeilter theologischer Richtungskämpfe, die nicht selten blutig ausgetragen wurden. Eine für die sich als orthodox verstehende Richtung besonders gefährliche Glaubensspielart war der nach dem Priester Areios benannte Arianismus. Auch heute noch benutzt die Curie das Wort Arianismus gelegentlich als Schimpfwort, bei Licht betrachtet war diese als Häresie verdammte Lehre jedoch vernünftiger als die Orthodoxie und entsprach weit eher der ursprünglichen Lehre des Evangeliums. Insbesondere wandte sich der Arianismus gegen die nun wirklich absurde und durch nichts in der Lehre Jesu gerechtfertigte Trinitätslehre. Es war auch die Zeit, in der die Christen sich mit der Staatsgewalt zu arrangieren begannen, bald einen Staat im Staate bildeten und so unbequeme Dinge wie die christliche Nächsten- und Feindesliebe nicht mehr so eng sahen wie der immer ferner rückende Jesus. Das gipfelte bald in der Lehre vom »gerechten Krieg« (nämlich dem gegen Andersgläubige) beim Kirchenvater Augustinus. Nachdem es einige Jahrzehnte lang den Anschein gehabt hatte, als gewänne der Arianismus durch ihm freundlich gesinnte Kaiser (Constantius II., Constans) die Oberhand, was wohl ein Segen für das Christentum gewesen wäre, gelang es der Orthodoxie gegen Ende des vierten Jahrhunderts – unterstützt vom Arianerfeind Theodosius I. –, den Arianismus (meist blutig) zu unterdrücken.

Bischof Ulfilas war – gemäßigter – Arianer, und er übersetzte also die Bibel in diesem Sinn. Der Wert und die Wirkung dieser Bibelübersetzung kann gar nicht hoch genug geschätzt werden. Sie bedeutete für die Entwicklung der althochdeutschen Sprache nicht viel weniger als Luthers Bibelübersetzung für unser neues Deutsch, und darüber hinaus hatte dieses, wenn man so will, erste deutsche Buch auch eine politisch und fast national einigende Wirkung. Jedenfalls aber führte das dazu, daß (mit Ausnahme der Franken, wovon noch die Rede sein wird) alle Germanen, sofern sie das Christentum annahmen, dies in arianischer Version taten.

*

Die Germanen waren für römisch-zivilisierte Begriffe schon nicht schön, aber an sie hatte man sich erstens gewöhnt, und zweitens waren sie doch, wenn auch nicht in Details, so doch im großen und ganzen, den Römern ähnlich. Die Hunnen hingegen waren so, daß selbst die Germanen, denen vor wenig grauste, erschraken. Als 449 der oströmische Kaiser Theodosius II. eine Gesandtschaft an den Hof des auf dem Gipfel seiner Macht stehenden Hunnenkönigs Attila schickte, begleitete den Gesandten der griechische Schriftsteller und Historiker Priscus, der später diese Episode und auch die Hunnen beschrieb. Aus dieser Quelle entspringt bis heute unser Hunnenbild und entspringen im wesentlichen alle Vorstellungen, die mit dem zusammenhängen, was Kaiser Wilhelm II. (»Kaiser Willy mit der Kopfprothese«) die gelbe Gefahr genannt hat.

Die Hunnen, heißt es, seien gelb im Gesicht und klein gewesen, hätten breite Schultern und platte Nasen gehabt; ihre schwarzen Augen hätten tief im Kopf gelegen, und sie hätten keine Bärte getragen. Sie seien praktisch mit ihren kleinen, unschönen, aber schnellen Pferden verwachsen gewesen, hätten auf ihnen geschlafen und insofern auch auf ihnen gekocht, als sie das Fleisch unter dem Sattel weichzureiten pflegten, das sie im übrigen roh aßen. Wie und wann sie sich fortpflanzten, war den Zeitgenossen unklar.

Erschreckend war auch die Strategie der Hunnen, und zwar deswegen, weil ihre Strategie darin bestand, keine Strategie zu haben. Sie fielen ohne jede Schlachtordnung und scheinbar planlos über den Gegner her, meist überraschend und in ungeheuerer Anzahl, verbissen sich und ließen erst los, wenn einer der beiden Gegner tot war. Meistens überlebte der Hunne. Dieses rätselhafte und schreckliche Volk, das nichts anderes war als jener Teil der Mongolen, der, wie oben erwähnt, den Chinesen entkommen war, hatte gegen

350 die Wolgagegend erreicht und ärgerte von hier aus das Persische Kaiserreich, zog aber nach fünfundzwanzig Jahren weiter nach Westen, wo es 375 auf die Goten traf.

Es kam merkwürdigerweise zu keiner großen Schlacht zwischen Hunnen und Goten. Offenbar waren die Goten, bisher gewohnt, selbst der »cimbrische Schrecken« zu sein, davon wie gelähmt, daß sie nun das Opfer des hunnischen Schreckens waren. Der Gotenkönig Hermanerich brachte sich vor Verzweiflung um, sein Sohn Winithar wurde besiegt und getötet. Worauf – und dies ist der Anstoß zu dem eigentlichen und turbulentesten Teil der Völkerwanderung – ein Teil der Goten (die Ostgoten) sich den Hunnen unterwarf, also praktisch hunnische Halbsklaven und Söldner wurden; der andere Teil – die Westgoten – unter den beiden Fürsten Fridigern und Ablasius nach Westen, über die Donau, auf das Gebiet des Römischen Reiches floh.

Am Kaiserhof betrachtete man diese Flucht mit verständlichem Unbehagen. (Die Flüchtlinge zählten zweihunderttausend waffenfähige Männer, dazu Frauen und Kinder.) Der seit 364 regierende Kaiser Valens war ein eher mäßig begabter Regent. Er war ständig in Furcht vor magischen Einflüssen, ängstlich und grausam, und erst einige Jahre vorher hatte ihn das Bekanntwerden einer Prophezeiung über das Erscheinen eines künftigen starken Herrschers erschreckt. Kaiser Valens ordnete an, daß die Westgoten südlich der Donau anzusiedeln seien, in der ängstlichen Hoffnung, sich dadurch ihr Wohlverhalten erkaufen zu können. So geschah es auch, aber die Westgoten gaben nur zwei Jahre Ruhe, dann rebellierten sie gegen die ihnen ungewohnte staatliche Ordnung. Sie empfanden die römischen Gesetze, die nun plötzlich auch für sie gelten sollten, als kleinlich und unbequem, auch wurden sie, heißt es, von habgierigen Statthaltern ungerecht behandelt und ausgebeutet, was nicht unwahrscheinlich klingt.

Es kam zum Aufstand. 377 schlugen die Westgoten ein römisches Heer bei Marcianopolis (in Bulgarien) und setzten sich in Marsch auf Konstantinopel. Kaiser Valens geriet in Panik. Er wartete nicht ab, bis der über den Westen des Reiches herrschende Mitkaiser Gratian mit neuen Truppen eingetroffen war, sondern zog sofort den Goten entgegen und stellte sich bei Adrianopel am 9. August 378 zur Schlacht, die er nebst Leben verlor.

Der Schock, der die Regierung und die Bevölkerung zumindest der oströmischen Reichshälfte nach der Niederlage von Adrianopel erfaßte, war sicher nicht kleiner als der nach der Schlacht im Teutoburger Wald. Das war damals eine schmerzliche militärische Niederlage gewesen, doch der Teutoburger Wald war weit weg. Jetzt standen die Germanen, die nicht irgendeinen General, sondern den Kaiser getötet hatten, weniger als zweihundert Kilometer von der Hauptstadt entfernt. Aber die Westgoten verstanden es nicht recht, den Sieg zu nutzen. Sie ließen sich so viel Zeit, daß der – nun allein regierende – Kaiser Gratian geeignete Maßnahmen treffen konnte. Die wichtigste war, daß er einen ganz vorzüglichen Mann, Flavius Theodosius, zum Magister militum, das heißt zum Generalfeldmarschall erhob.

Theodosius (später Kaiser Theodosius I.) war damals einunddreißig Jahre alt und der Sohn eines spanischen Generals, der einer Palastintrige zum Opfer gefallen und vor einigen Jahren in Karthago geköpft worden war. Theodosius war in Cauca, im Nordwesten Spaniens, am 11. Januar 347 geboren. Für die Praxis der Stellenbesetzungen im Römischen Reich war es nichts Ungewöhnliches, einen »Ausländer« – wie hier einen Spanier – mit einem der höchsten Ämter in Kleinasien zu betrauen. Das Römische Reich ist hier in etwa der österreichisch-ungarischen Monarchie vergleichbar: beide Reiche hatten mit den Schwierigkeiten, die ein Vielvölkerstaat mit sich bringt, zu kämpfen, hatten dafür als kleinen Ausgleich jedoch die Möglichkeit, die Talente aus all ihren Völkerschaften für anstehende Aufgaben heranzuziehen.

Theodosius wurde 379 von Kaiser Gratian zum Augustus, also zum Mitkaiser, erhoben. Nach dem Tod Gratians und dessen Bruders, des Kaisers Valentinian II., wurde er 392 alleiniger Kaiser. Er war wahrscheinlich der fähigste und tüchtigste Herrscher, den das Römische Reich seit Augustus gehabt hat. Theodosius, der zum letzten Mal das große Reich in einer Hand vereinigte, war ähnlich wie Augustus kein strahlender, sozusagen sensationeller Kaiser, kein Held. Er war ein weiser, kluger und stiller Politiker. Theodosius ist es ohne Zweifel zu danken, daß das Weströmische Reich noch hundert Jahre hielt und das Oströmische Reich sich soweit festigte, daß wenigstens dieser Reichsrest die Stürme der Völkerwanderungen unbeschadet überstand. Zunächst aber gelang es Theodosius, die auf Konstantinopel heranrückenden Westgoten zu beschwichtigen und sie in Thrakien (das ist Südbulgarien und Nordgriechenland) anzusiedeln. Daß Theodosius aber die christliche Religion zur Staatsreligion erhob, und damit Tür und Tor zur Überkrustung allen Lebens durch die inzwischen abenteuerlich kraus gewordenen kirchlichen Dogmen öffnete, beeinträchtigt das Bild dieses Herrschers erheblich.

Knapp zwanzig Jahre blieben die Westgoten in Thrakien, dann starb Theodosius, den sie offenbar respektiert hatten. »Müde des arbeitsamen Landlebens«, heißt es, ließen sie jetzt alles stehen und liegen und zogen wieder los. Das war 395. Ihr Anführer, der erste, der sich seit dem Selbstmord Hermanerichs wieder König nannte, war ein merkwürdiger Mann und ist in der Geschichte bis auf den heutigen Tag von rätselhaftem Schein umwittert: Alarich.

Alarich war noch in Südrußland geboren (um 370) und

stammte aus dem vornehmen Adelsgeschlecht der Balten (das mit den heutigen Balten an der Ostsee nichts zu tun hat). Er war strahlend und jung und zog sofort mit allen Westgoten raubend und plündernd durch Griechenland. Athen verschonte er, weil die Stadt ein hohes Lösegeld zahlte, aber Argos, Sparta und Korinth legten die Goten in Trümmer. Wenn den altgriechischen Statuen Arme, Beine und Nasen fehlen, so ist das auf die – milde gesagt – ungeschickte Behandlung zurückzuführen, die die Westgoten artfremdem Kulturgut angedeihen ließen.

Der römische Feldherr, der endlich der plündernden Gotenherde entgegentrat, war bezeichnenderweise kein Römer, sondern selbst Germane: Flavius Stilicho. Die merkwürdige Verbindung eines römischen Vornamens mit einem germanischen Nachnamen deutet schon auf den Lebenslauf dieses Stilicho hin. Er war der Sohn eines in römischen Diensten stehenden Vandalen, der von Kaiser Theodosius zum Oberbefehlshaber für das Westreich ernannt und auf dem Totenbett zum Vormund für die beiden jungen Kaisersöhne Honorius und Arkadios bestimmt worden war. Stilicho gelang es – nicht durch eine Schlacht, sondern durch geschickte Manöver –, die Westgoten in relativ unbesiedelte gebirgige Gegenden Griechenlands abzudrängen. Er erregte aber dadurch sofort den Neid und die Eifersucht der Hofkamarilla in Byzanz, die nun zuviel Einfluß und Macht des Stilicho fürchtete, dem – als einem Germanen – nach römischer Ansicht ohnedies nicht ganz zu trauen war. Es entbehrte dann allerdings nicht einer gewissen Unlogik, daß dem Minister und Eunuchen Eutropios nichts anderes einfiel, als ausgerechnet den Gotenkönig Alarich mit dem Oberbefehl in Illyrien (das ist etwa das ehemalige Jugoslawien) und der Aufgabe zu betrauen, Stilicho zu vertreiben. Kaiser Arkadios, der Sohn des Theodosius, ein ganz junger Mann, war nur eine Marionette in der Hand seiner – übrigens halbgermanischen – Frau Eudoxia und des erwähnten Hofeunuchen Eutropios.

So fielen also Alarich und seine Goten im Jahr 400 in die Westhälfte des Reiches ein, nun nicht mehr Räuberhorden, sondern kaiserliche Hilfstruppen, was sie nicht daran hinderte, jetzt – unter einem anderen Rechtstitel gewissermaßen – weiter zu plündern. Stilicho aber zog ihnen entgegen, schlug die Goten, zuletzt in einer Schlacht bei Verona, und tat dann jedoch das, was man in der Agentensprache »umdrehen« nennt: er schenkte Alarich und den Goten Illyrien unter der Bedingung, daß sie nun als weströmische Hilfstruppen gegen Ostrom kämpften. Alarich nahm an und zog wieder gen Osten.

Stilicho mußte sich mit den Goten arrangieren, denn inzwischen war ein Mann auf den Plan getreten, dessen Name uns mit Radegast oder Radagais überliefert ist. Radagais, ein Germane unbekannter Herkunft, hatte aus Splittern von vandalischen, burgundischen und anderen Völkerschaften, die vor den immer noch oder vielmehr immer mehr herumstreunenden Hunnen geflohen waren, einen Heerhaufen gebildet und war über die Alpen gezogen. Das war nun kein geschlossenes Volk, das ins Reich einbrach, sondern ein buntgemischtes Heer von Desperados. Radagais zog gegen Rom und belagerte – ein neuer Schrecken für die Römer – schon Florenz, als es Stilicho gelang, mit einem verschwindend kleinen Heer, aber geschickter Taktik die Haufen des Radagais aufzusplittern und nach und nach unschädlich zu machen. Radagais wurde gefangen und einen Kopf kürzer gemacht.

Das Weströmische Reich jedoch ging unaufhaltsam seinem Ende entgegen. 408 wurde auf Anstiften Ostroms der fähige Stilicho, die einzige Stütze des Westreiches, in Ravenna ermordet. Nachfolger hatte er keinen. Alarich zog sofort wieder mit allen seinen Goten nach Italien. Im Gegensatz zu Radagais hielt er sich nicht erst lange vor Florenz auf, sondern zog gleich nach Rom, das er im Winter 408/09 zu belagern begann. Ein Aufschrei ging durch das Reich. Zwar hatte die Stadt Rom längst die frühere wirtschaftliche und politische Bedeutung verloren. Die Kaiser residierten in Konstantinopel, Ravenna oder Mailand. Der Glanz der alten Hauptstadt war dahin, dennoch war Rom, das dem Reich noch immer seinen Namen gab, der Inbegriff der Reichsidee. Jetzt war es belagert. Seit den Tagen Hannibals (das war 600 Jahre her) war Rom, die alte, heilige Urbs Romana, nie mehr so unmittelbar bedroht gewesen.

Überall, im Westen wie im Osten des Reiches, war man sich darüber im Klaren: jetzt mußte etwas geschehen. Was so vielfach geschah (und geschieht), wenn etwas geschehen muß, trat ein. Es geschah nichts. Nur der Senat von Rom begann nach einigen Monaten der Belagerung, mit den Goten zu verhandeln. Er überzeugte Alarich, daß in der heruntergekommenen Stadt nicht viel zu holen sei; alles, was zu holen war, bot der Senat gutwillig an: zweieinhalb Tonnen Gold, fünfzehn Tonnen Silber. Alarich nahm Gold und Silber und zog ab.

Nach dem Abzug der Goten wurde der in Ravenna residierende Kaiser Honorius wieder frech, verärgerte die Goten durch Beschimpfungen und erreichte dadurch, daß sie wieder umkehrten (410). Diesmal schnitten sie durch die Einnahme von Ostia die Zufuhr der Stadt völlig ab und drohten, alles kurz und klein zu schlagen. Verhindert wurde das, weil sich nun Alarich dazu berufen fühlte, in die große Politik einzugreifen. Er erklärte – ein unerhörter Vorgang – den Kaiser Honorius für abgesetzt und ernannte – er, der sozusagen dahergelaufene Barbar – den römischen Stadtpräfekten Attalus zum neuen Kaiser. Als Attalus jedoch nicht ganz so wollte wie Alarich, erklärte er ihn wieder für abgesetzt und erschien ein drittes Mal vor Rom.

In der Nacht vom 23. auf den 24. August 410 öffnete ein Sklave ein Tor der Stadt. Die Goten drangen ein, und jetzt schlugen sie tatsächlich alles kurz und klein. Die Trümmer sind zum Teil heute noch zu sehen.

Nun beschloß Alarich, Sizilien und dann Afrika zu erobern. Leichter Größenwahn scheint ihn ergriffen zu haben. Bevor er jedoch seinen Plan in Angriff nehmen konnte, starb er bei Cosenza in Süditalien. Die Goten wollten ihren Heerführer in einem gewaltigen, unberührbaren Grab beisetzen. Sie leiteten daher einen Fluß, den Busento, um und begruben den König samt Pferd und unermeßlichen Schätzen im Flußbett.

Der Fluß wurde dann wieder darübergeleitet, die Sklaven und Arbeiter, die die Dämme und das Grab gegraben hatten, wurden unverzüglich getötet, denn niemand sollte wissen, wo der Gotenkönig begraben liegt. Man hielt das lange für eine romantische Sage, die den Grafen Platen zu seinem wohl berühmtesten Gedicht inspirierte: »Nächtlich am Busento lispeln, bei Cosenza, dumpfe Lieder...«, bis man – erst in unserer Zeit – bei Wasserbauarbeiten im Busento Reste des Grabes fand.

Die Liquidation des Weströmischen Reiches begann. 410 war Rom von den Goten erobert und zerstört worden, im gleichen Jahr mußten die Römer – nach fast 400 Jahren Herrschaft – England räumen, weil die immer mehr dezimierten Legionen den Anstürmen der wilden Picten und Scoten (was keine Germanenstämme, sondern keltische Völker waren) nicht mehr standhalten konnten. Schon drei Jahre vorher, 407, waren die Vandalen, auch sie von den Hunnen verdrängt, über den Rhein gesetzt, ins Reich eingebrochen und plündernd und mordend – völlig unbehindert von den mit den Goten in Italien beschäftigten Römern – durch ganz Gallien bis nach Südspanien gezogen. 409 folgten ihnen die Sueven und die Alanen, die sich im Norden Spaniens festsetzten. Drei Jahre nach dem Fall Roms zog ein kleineres Volk, das eigentlich ein Teil der Sueven war, mit seinem König Gunther über die Rheingrenze: die Burgunder (413). Sie siedelten sich – allerdings legal, denn sie hatten vorher die Zustimmung des Kaisers eingeholt – links des Rheins an. Als ihre Hauptstadt gründeten sie Worms.

Ein einziges germanisches Volk, das sei hier eingeflochten, verhielt sich in dem ganzen Wirbel der Völkerwanderung anders als die anderen: die Alemannen. Sie waren 234, also hundertfünfzig Jahre vor dem Beginn der eigentlichen Völkerwanderung, in die sogenannte Agri Decumates, das Zehentland, eingefallen. Das war das Dreieck zwischen Limes, Rhein und Donau, also das heutige Baden-Württemberg. Später dehnten sich die Alemannen zäh und beharrlich über Raetien aus, die heutige Schweiz, und damit war es ihnen im wesentlichen genug. Nahezu unangefochten von den Stürmen der Jahrhunderte – während ihre Stammesgenossen um sie herum in ferne Welten aufbrachen, Königreiche eroberten und wieder verloren – begannen die Alemannen ab etwa 284 Häusle zu bauen und Käse zuzubereiten und tun das in der gleichen Gegend noch heute.

Man muß sich vergegenwärtigen, wie schnell diese Entwicklung, diese Völkerflut, gekommen war. Seit der Flucht der Westgoten vor den Hunnen bis zum Fall Roms und dem Tod des Königs Alarich waren nur fünfunddreißig Jahre vergangen. Vor fünfunddreißig Jahren noch war das Römische Reich intakt und scheinbar gesichert und wie für die Ewigkeit errichtet gewesen, jetzt war es endgültig geteilt. Die Westhälfte ging ihrem Untergang entgegen. England war aufgegeben, in Italien herrschten die Goten, in Spanien und Südfrankreich die Sueven. Der Kaiser des Westens, Honorius, der andere Sohn des Theodosius, war ein schwacher

Mann und vermochte nichts anderes, als große Reden zu führen und zu lamentieren. Möglicherweise wäre das Westreich damals schon untergegangen, wenn nicht die Völkerwanderung für einige Jahre zur politischen Privatoperette ausgeartet wäre.

Nach dem plötzlichen Tod König Alarichs 410 wählten die Westgoten den Bruder seiner Witwe, Athaulf, zum König. Athaulf war verliebt in eine vornehme Römerin, die ein Jahr zuvor in gotische Gefangenschaft geraten war. Die Dame war nicht nur eine Römerin, sie war eine Prinzessin: Galla Placidia, die Schwester des Kaisers, jüngste Tochter des Theodosius. Athaulf schloß deshalb 412 einen Vertrag mit Kaiser Honorius, in dem er sich verpflichtete, als römischer Oberfeldherr Gallien dem Reich zurückzuerobern. Dafür erhielt er die Hand der kaiserlichen Prinzessin. Ohne Zweifel hätte Athaulf seine Gefangene ohne Vertrag und alles zwingen können, ihn zu heiraten, doch Athaulf wollte – eine sehr bezeichnende Haltung für Emporkömmlinge – die Legalität.

So säuberte Athaulf mit Hilfe seiner Goten in den Jahren 413 und 414 Gallien von allen fremden Völkerschaften und Abenteurern, die sich dort inzwischen herumtrieben, und durfte dann seine Galla Placidia mit kaiserlichem Segen heiraten. Er konnte sich des privaten und politischen Erfolges jedoch nicht lange erfreuen. Als er sich anschickte, nun auch Spanien für seinen kaiserlichen Schwager zurückzuerobern, wurde er von einem seiner Generäle, einem gewissen Dubios, aus privater Rache ermordet.

Nachfolger Athaulfs war König Wallia, ein rechter Teutscher, Feind der Römer und ihrer Sitten, der sich aber dennoch an Athaulfs Vertrag mit Kaiser Honorius gebunden fühlte und die Eroberung Spaniens, das heißt, die Säuberung dieses Landes fortsetzte und sogar erreichte. Die Sueven und Vandalen wurden von ihm auf relativ engen Raum im Nordwesten Spaniens – dem heutigen Galicien – zurückgedrängt, in eine gebirgige Gegend, wo sie, meinte man, wenig Schaden anrichten könnten. Spanien wurde wieder römische Provinz.

Die Westgoten erhielten als Belohnung Aquitanien, wo Wallia in Toulouse seine Residenz errichtete. Offenbar hatten sich die Westgoten fürs erste ausgetobt und gaben – vierzig Jahre nach ihrem Aufbruch aus Südrußland – Ruhe.

Das Reich hatte aber keine Ruhe. 423 starb Kaiser Honorius. Sofort setzte ein Intrigenkrieg ein, in dem verschiedene Eunuchen, Feldherren und die Kaiserinwitwe stritten, rauften und sich gegenseitig vergifteten. Schließlich einigte man sich darauf, daß der Sohn jener Prinzessin Galla Placidia, der Witwe des Königs Athaulf, die in zweiter Ehe einen römischen Patrizier geheiratet hatte, Kaiser werden sollte. Der Kaiser hieß Valentinianus III. und war ein Kind von vier Jahren.

Der wahre Herr des Westreiches war ein General namens Aëtius, der aus Silistria, dem heutigen Bulgarien, stammte und eine Zeitlang als römische Geisel im Heer des Alarich gedient hatte. Aëtius war eine recht zwielichtige Gestalt, doch immerhin gelang es ihm – unter Preisgabe der Randgebiete –, die weströmischen Kernländer Italien und Südfrankreich zu bewahren. Aëtius praktizierte – man kann sagen schamlos, man kann sagen brillant – das, was Schaukelpolitik genannt wird. Aber vermutlich war das weder eine politische Tugend noch moralisch verwerflich. Es blieb ihm auf dem auf allen Seiten lecken Schiff, das er zu steuern hatte, gar nichts anderes übrig.

Zunächst – 425 – mußte er einen Gegenkaiser namens Johannes bekämpfen. Er besiegte diesen mit Hilfe der Hunnen. Um die hilfreichen Hunnen wieder loszuwerden, mußte er ihnen die Provinz Pannonien abtreten, endgültig.

Inzwischen (428) hatte der Statthalter von Africa – das waren die nordafrikanischen Provinzen vom heutigen Marokko bis Libyen – namens Bonifacius Schwierigkeiten mit Aufständischen und Usurpatoren. Aëtius schickte die Vandalen unter ihrem König Geiserich dorthin, um aufzuräumen. Das taten die Vandalen zwar und eroberten binnen zweier Jahre alle, damals sehr reichen und zivilisierten Städte an der Südküste des Mittelmeeres einschließlich des alten und ehrwürdigen Karthago, aber sie blieben dann auch und betrachteten von da ab Nordafrika als germanisches Königreich. Für Rom waren diese Provinzen verloren.

Auch die Nordgrenze geriet in Bewegung: der König der Franken, Chlodio, trat 431 auf römisches Gebiet über. Aëtius besiegte ihn zwar in einer Schlacht, mußte ihm aber das ganze Gallien nördlich der Seine abtreten. Chlodio errichtete seine Residenz in Tournai. Es sollte die Keimzelle des späteren großen fränkischen Reiches werden, das dann die Geschichte des frühen Mittelalters bestimmte.

Nur sechs Jahre später begannen die Burgunder zu rumoren. Das war jenes Volk, das legal über die römische Reichsgrenze gekommen war und ein Reich mit der Hauptstadt Worms gegründet hatte. Aëtius hetzte die Hunnen gegen die Burgunder. Die Hunnen machten kurzen Prozeß, die Burgunder wurden vernichtet, nur ein kleiner Rest floh in die savoyardischen Berge und siedelte sich dort wieder an. Der Untergang der Burgunder und der Tod ihres Königs Gundikar ist der historische Kern des Nibelungenliedes.

Drittes Kapitel

Im dritten Kapitel rasselt Attila, der Hunnenkönig, ordentlich mit dem Säbel – Gefallene kämpfen nach der Schlacht auf den Katalaunischen Feldern in den Wolken weiter – der Chefideologe Paulus muß für eine weitreichende Fälschung herhalten – Attila vervollständigt seinen reichen Harem und kommt dadurch zu Tode – Ricimer spielt mit den Marionetten – Odoaker wird Condottiere in Italien – mit Augustulus schließt der Weltgeist einen Kreis.

Eine Zeitlang schien es, als ob nicht die Germanen, sondern die Hunnen die Nachfolge der zerbröckelnden römischen Herrschaft im Westteil des Reiches antreten würden. Das beruhte hauptsächlich auf einem Mann, dessen Name noch jahrhundertelang Schauder erregte, der in der germanischen Sage Etzel heißt und als »Gottesgeißel« zwanzig Jahre lang Furcht und Schrecken in der ganzen damaligen Welt verbreitete: Attila, der Hunnenkönig.

Er wird in den – natürlich mißgünstigen lateinischen und griechischen – Quellen als kleinwüchsig geschildert, mit breiten Schultern, großem Kopf und dem für einen Diktator unerläßlichen durchdringend-kalten Blick aus tiefliegenden kleinen Augen.

434 wurde er, zusammen mit seinem Bruder Bleda und seinem Onkel Rugilas, König über den Hauptteil des inzwi-

schen recht und schlecht seßhaft gewordenen Hunnenvolkes, das, wie erwähnt, in – dem Namen nach immer noch römische Provinz – Pannonien, also im heutigen Ungarn lebte. Unverzüglich rasselte Attila derart mit seinem Säbel, daß der oströmische Kaiser Theodosius II. den bisherigen Beruhigungstribut von einhundertfünfundsiebzig Kilo Gold auf dreihundertfünfzig Kilo erhöhte. (Heute wären dreihundertfünfzig Kilo Gold ca. sechs Millionen Mark wert.)

Attila war nicht der Mann, Mitherrscher neben sich zu dulden. Bleda und Rugilas waren bald abgesetzt. (Sie dürften das kaum überlebt haben.) Dann machte Attila seinem Volk weis, er habe das persönliche Schwert des Kriegsgottes gefunden, zufällig sozusagen. Von da ab galt er als unbesiegbar. Aus einem bunten Völkerkonglomerat aus Hunnen, Germanen (unter anderem Ostgoten, Gepiden, Langobarden, Thüringer), aus Slawen und turkstämmigen Chasaren bildete Attila einen Heerhaufen, mit dem er 447 die Balkanhalbinsel überschwemmte. Unzählige Gefangene und unermeßliche Beute schleppte er mit sich über die Donau nach Pannonien. Der Kaiser mußte den Tribut nun auf eintausendfünfzig Kilo Gold im Jahr erhöhen, sonst hätte ihn Attila in seiner Hauptstadt ausgehoben.

Der Nachfolger von Theodosius II., Markian, zahlte dann 450 den Tribut nicht mehr und hielt die Luft an: tatsächlich kam Attila nicht – angeblich, aber das ist unsicher, weil ihm dafür die Hand der weströmischen Prinzessin Honoria, der Tochter jener obenerwähnten Galla Placidia und Schwester des immer noch mühsam regierenden Westkaisers Valentinian III., versprochen worden war. Ganz ohne Krieg konnte Attila jedoch nicht sein. Er wandte sich mit seinen Horden westwärts und verwüstete und verbrannte Nordfrankreich. Aber da schlug – am 26. Juni 451 – ihm seine Stunde: der römische General Aëtius, der oben schon erwähnte wahre Herrscher dessen, was von Westrom übriggeblieben war, sammelte in letzter Anstrengung ein Heer, das allerdings hauptsächlich aus Germanen bestand (unter ihnen die Westgoten) und schlug ihn in der Schlacht auf den Katalaunischen Feldern (in der Nähe der heutigen Stadt Troyes in der Champagne). In dieser Schlacht wurde mit einer Erbitterung gefochten, die noch in der Überlieferung fortlebte. Die Nacht setzte dem Ringen ein Ende, einen eindeutigen Sieger gab es nicht, aber immerhin mußte sich Attila in seine Wagenburg flüchten, und allein die Tatsache, daß er nicht gesiegt hatte, empfand er als vernichtend. Die Gefallenen, so heißt es in der Legende, bekämpften einander noch drei Tage nach der Schlacht in den Wolken weiter.

Attila wandte sich, nachdem er einen Winter lang (451/52) seine Wunden geleckt hatte, nach Süden, zog über die Alpen, verbrannte Aquileia (was mittelbar dann die Gründung der Inselstadt Venedig bewirkte), Padua, Vicenza, Verona, Bergamo und eine Menge kleinerer Städte, zerquetschte Tausende von unbeteiligten Menschen, namenlose Opfer der Blutspur Weltgeschichte, und schickte sich an, auf Rom zu marschieren. Rom war lange schon nur noch dem Namen nach die kaiserliche Stadt. Inzwischen waren aus den Basiliken (d.h. den Kaiserhallen) und den Tempeln christliche Kirchen geworden, die Pracht der goldenen und marmornen Cäsarenpaläste begann zu versinken, und in der nach und nach von den fröhlich-nackten Heidengöttern aus Stein und Bronze gereinigten Stadt hatte sich ein Ober-Bischof eingenistet, der das Märchen verbreitete, der Apostelfürst Petrus sei hier den Märtyrertod gestorben und der Chefideologe Paulus habe hier gelehrt und sei deswegen von den bösen Heiden geköpft worden. Außerdem fügte man an einer geeigneten Stelle (Matthäus 16, 18) ein Jesuswort ein: »Du bist Petrus (d. h. Fels), und auf diesen Felsen werde ich meine Kirche bauen.« Daß dies eine Fälschung ist, wird heute selbst von einigen katholischen Theologen angenommen. Sollte die Stelle doch echt sein, erhebt sich die Frage, ob Jesus mit hebräisch »gahal« (= Versammlung, Gemeinde) das gemeint hat, was mit dem Begriff ecclesia, »Kirche«, übersetzt wird. Jedenfalls leiteten dann die Bischöfe von Rom, die ungefähr seit der Mitte des vierten Jahrhunderts den Titel »Papa« (Papst) führten, den Anspruch ab, die höchste Autorität in religiösen und moralischen Dingen, die höchsten Richter in der Kirche und die Vorgesetzten aller Bischöfe und Priester zu sein.

Die Päpste konnten diesen Anspruch nie ganz durchsetzen. Die Arianer anerkannten ihn nicht. Auch der Osten blieb hartnäckig, insbesondere der Patriarch von Konstantinopel. Letzten Endes kam es zu einer endgültigen Trennung zwischen der griechischen Ost- und der lateinischen Westkirche – aber das ist eine andere Geschichte.

Zu Attilas Zeiten hatte die Westkirche das Glück, in der Person Papst Leos I. einen ebenso gebildeten wie schlauen und machtgierigen Oberhirten zu haben (seit 440), dem es gelang, eine offizielle kaiserliche Anerkennung seines unumschränkten Jurisdiktionsprimats zu erlangen (445), allerdings nur vom Westkaiser Valentinian III., der dann samt Gattin Eudoxia und Mutter Galla Placidia in der neuerbauten vaticanischen Basilika dem heiligen Petrus huldigte. Im Übrigen ließ der Kaiser, der in Mailand oder Ravenna residierte, den Papst in Rom schalten und walten, wie dieser wollte. Man war froh, daß sich dort nach dem Versickern der staatlichen Verwaltung überhaupt jemand um die notwendigen Dinge kümmerte. So begann unmerklich die weltliche Herrschaft der Päpste über die Stadt Rom – zunächst.

Überhaupt mischte sich der Papst schon damals gern in weltliche Dinge. Er fühlte sich ja, und war nun kaiserlich anerkannt, als geistlicher Richter, und da zu den geistlichen

Dingen auch die Moral gehört, bildete er sich ein, auch darüber wachen zu müssen, und zwar nicht nur über die private Moral der Leute, sondern auch über die politische Moral der Regierenden. Also durfte er, meinte der Papst, den Kaisern und den Ministern vorschreiben, was sie zu tun und zu lassen hatten. Oft genug richteten sich diese danach. Die unselige, durch die eigentliche Lehre Christi durch nichts gerechtfertigte, ja ihr widersprechende, angemaßte Tugendwächterrolle des Papstes und des Klerus, die das ganze Mittelalter vergiftete und bis in unsere Tage nachwirkt, nahm hier ihren Anfang.

Leo I., dem die Kirche später den Zunamen »der Große« gab, war einer der Päpste, die diese Ansprüche in Wort und Tat nachdrücklich vertraten, und man muß ihm zugute halten, daß er das tat, was eigentlich des Kaisers Sache gewesen wäre, wozu der aber zu schwächlich oder zu feige war: der Papst reiste – quasi als kaiserlicher Bevollmächtigter – dem zum Zug nach Rom rüstenden Attila bis Mantua entgegen. Es gelang Leo – es wäre interessant, das entscheidende Gespräch zu kennen –, den Hunnen ohne irgendwelche Zugeständnisse oder Tributzahlungen zum Rückzug zu bewegen. Man vermutet, daß der Papst Attila auf logistische Schwierigkeiten hinwies, die Attila einsehen mußte, und daß eine Seuche im Heer der Hunnen ausgebrochen war. Daß die Apostelfürsten über den Wolken erschienen (wie auf dem Bild in Raffaels Stanzen dargestellt) und Attila bedrohten, ist natürlich Legende.

Attila zog sich nach Pannonien in sein Haupt-Zeltlager zurück, vervollständigte seinen reichen Harem durch die Heirat mit der schönen Ildiko (Hildchen? eine Germanin? – die Krimhild des Nibelungenliedes), wurde aber am Morgen nach der Hochzeitsnacht tot aufgefunden. Selbstverständlich verbreitete sich sofort das Gerücht, Ildiko habe, eine neue Judith, durch Gift die Welt von der Gottesgeißel befreit.

Das Reich der Hunnen zerfiel. Attila ist eines der vielen Beispiele von gigantischer Kraft und unerklärlichem Charisma, dessen Erfolge nur in seiner Person liegen und der daher nur ephemere, wenngleich nachdrücklich erinnerte Bedeutung erreicht. Das fast sofortige und spurlose Verschwinden des Hunnenreiches hinterließ ein Machtvakuum, das sich nicht gleich füllte. Zwei germanische Heerführer und ein Gotenkönig bestimmten nacheinander das Geschick Italiens und damit Westeuropas in den nächsten hundert Jahren. Osteuropa, also die als byzantinisches Römerreich zu bezeichnende, verbliebene Reichshälfte, hatte sich, da die Goten- und Hunnenstürme an ihren Seitenpfosten vorbeigetobt waren, einigermaßen konsolidiert. (Der Rechtstitel auf die Herrschaft über das ganze alte Reich wurde freilich – noch – nicht aufgegeben, offiziell übrigens nie bis zum 29. Mai 1453, an welchem Tag durch die türkische Eroberung Konstantinopels das Byzantinische Reich endgültig unterging.) Auch das Westgotenreich in Südfrankreich – Tolosanisches Reich genannt, weil seine Hauptstadt Toulouse war – erfreute sich relativer Ruhe.

In Africa herrschten, nominell unter römischer, d.h. byzantinischer Oberherrschaft, wie schon erwähnt, die – um einen alten Kalauer abzuwandeln – mit Recht so genannten Vandalen. Sie begnügten sich nicht mit der Herrschaft über Africa, sondern machten ab und zu Ausflüge zurück nach Europa. Die Ausflüge brachten für die betroffenen Landstriche gewisse Ungelegenheiten mit sich. 455 bedrohten sie Rom. Papst Leo I. war diesmal weniger erfolgreich. Er erwirkte zwar von König Geiserich, daß Rom nicht in Schutt und Asche gelegt wurde, mußte aber eine Plünderung von zwei Wochen zulassen. Die Vandalen schleppten alles fort, was nicht niet- und nagelfest war, unter anderem, vermutlich, jenen jüdischen Tempelschatz, den Titus 70 n. Chr. im Friedenstempel niedergelegt hatte. (Räuber rauben Räubern das Geraubte. Ein häufig wiederkehrendes Muster in der Geschichte.) Er brachte den Vandalen kein Glück, denn jenes Schiff, das unter anderem diesen Schatz an Bord hatte, sank auf der Fahrt zurück nach Africa. Die Route ließe sich errechnen, aber die Stelle zu finden, wo das Schiff sank, ist wohl für die ausgepichtesten Schatzsucher zu schwierig. Ob nicht der israelische Geheimdienst mit seinen Tauchern ...? Aber auch das wäre eine andere Geschichte. 457 planten die Vandalen, weil es doch 455 so schön war, einen neuen Ausflug. Inzwischen regierte, nach dem Verschwinden der Hunnen, in Italien ein Germane: Flavius Ricimer. Er war, wie der lateinische Vorname zeigt, ein romanisierter Germane, schon nicht mehr »reinrassig«: Sohn eines Sueven und einer westgotischen Prinzessin. Er war sozusagen militärischer Schüler des Aëtius und nach dessen gewaltsamem Tod 455 (seine christliche Majestät Valentinian III. beliebte eigenhändig auf Anstiften seines Hofeunuchen den General bei einer Audienz zu ermorden) wurde Ricimer in zunächst nicht näher definierter Stellung so etwas wie Statthalter des Kaisers im Westen. Er schlug die frechen Vandalen aufs Haupt, so daß ihnen die Lust auf weitere Ausflüge verging.

Da Kaiser Valentinianus III. seinen Mord an dem tüchtigen Aëtius nur um ein halbes Jahr überlebte und im März 455 selbst in Rom ermordet wurde, erhob sich eine heikle Frage. Es war nach Valentinianus' Tod kein männliches Mitglied der constantinisch-theodosianischen Dynastie mehr übrig, weder im Westen noch im Osten. Dort hatte sich ein General namens Markianos (oder Marcianus) schon 450 zum Kaiser aufgeschwungen, nachdem das letzte Glied der Dynastie im Osten, Theodosios II., gestorben war. Er hatte – was man nicht alles tut, um Kaiser zu werden – die nicht mehr ganz taufrische Schwester des Kaisers geheiratet, um der Nachfolge eine gewisse Legitimation zu geben. Ricimer im Westen wagte es nicht – noch war die Zeit offenbar nicht reif dafür, das dauerte noch dreihundertfünfzig Jahre –, sich selbst zum Kaiser aufzuschwingen: als bloßer Germane. Er erhob daher eigenmächtig, d.h. ohne den Ostkaiser zu fragen, einen gewissen Avitus, einen Senator, zum Kaiser, eine reine Marionette Ricimers, die er schon 456 gegen eine andere Marionette namens Maiorianus austauschte, die er 461 gegen die Marionette Libius Severus austauschte. Inzwischen war Ricimer vom Nachfolger Markianos', dem weitaus stärkeren Leon I., zum Patricius erhoben worden, 461 sogar zum Consul – der erste »Barbar« als später Nach-Nachfolger eines Julius Caesar. Zwar war »Consul« nur noch ein Ehrentitel, zeigte aber, daß dem Ricimer eine offizielle Stellung in der Hierarchie zugebilligt wurde.

467 setzte dann Ricimer seine letzte Marionette Libius Severus selber wieder ab, und nun, da inzwischen im Osten ein mächtigerer Kaiser herrschte, und da außerdem die Vandalen sich wieder regten, konnte Ricimer keine Marionette nach eigenem Willen mehr wählen, und er mußte sich dazu finden, Kaiser Leon zu »bitten«, einen neuen Westkaiser zu schikken. Der (nicht ganz freiwillig) verstorbene Markianos hatte Tochter und Schwiegersohn hinterlassen. Dieser, namens Anthemios, sollte nach Markianos' Willen dessen Nachfolger werden, überlebte dennoch seltsamerweise den Sturz des Schwiegervaters und stand nun in Konstantinopel im Weg herum. Leon schickte ihn daher als Kaiser nach Rom. Wie stark der Gedanke der dynastischen Legitimation, also der Erblichkeit der Macht, eine im Grunde denkbar unrömische Vorstellung, sich auszubreiten begann, zeigt unter anderem ein Nebenaspekt in diesem Machtwechsel: Ricimer heiratete die Tochter Anthemios'. (Vielleicht betrachtete er dieses eheliche Bett als Sprungbrett, als Sprung*bett* zur eigenen Kaiser-

würde?) Ich vermute, daß die dynastisch-monarchische Vorstellung einesteils aus dem Orient kam, und zwar aus der hellenistisch-monarchistischen, anderseits aus der germanischen Staatsvorstellung.

Das neue Verwandtschaftsverhältnis hinderte Ricimer und Anthemios nicht daran, sich alsbald zu überwerfen. Es kam zum Bürgerkrieg. Ricimer belagerte Anthemios 472 in Rom, stürmte die Stadt, und Ricimers Neffe Gundobad tötete den Kaiser. Ricimer suchte sich nun wieder eine Marionette und fand sie in der Person eines Proconsuls Olybrius, Schwiegersohn des verstorbenen Kaisers Valentinian (hier also wieder das Legalitätsprinzip im Sinn erblicher Nachfolge), aber weder der Schattenkaiser noch Ricimer überlebten das Jahr. Beide starben im Herbst 472 in Rom an der Pest.

*

Der nächste Condottiere, der Italien beherrschte, war Odoaker oder Odowakar, auch kein reinrassiger Germane, vielleicht sogar rein hunnischer Abkunft. Er hatte unter Ricimer in Gallien und in Italien gedient und trat, offenbar bei den Soldaten beliebt, so etwas wie die tatsächliche, rechtlich nicht definierte Nachfolge Ricimers an. Seine Soldaten riefen ihn sogar zum »rex« aus. Nach dem Tod Kaiser Anthemios' und des, vom wohl als legitim zu betrachtenden Ostkaiser nicht anerkannten, Olybrius ernannte der Ostkaiser Zenon einen entfernten Verwandten Julius Nepos 474 zum Westkaiser. Nepos gelang es nie, sich in Italien festzusetzen. Etwa gleichzeitig rief ein ehrgeiziger römischer Patricier namens Orestes seinen noch unmündigen Sohn Romulus zum Kaiser aus, was aber eher allgemeines Gelächter auslöste. Romulus wurde »der Klein-Augustus« (Augustulus) genannt. Odoaker tötete den Orestes und wischte den Augustulus vom angemaßten

Thron (476). Es ist bezeichnend, daß es Odoaker nicht der Mühe wert und notwendig erschien, den Augustulus zu töten. Er durfte nach Campanien zu Verwandten und verschwand aus der Weltgeschichte. Immerhin erscheint es als ein netter Witz des Weltgeistes, daß der erste – wenngleich legendäre – König von Rom und der letzte römische Herrscher auf italienischem Boden den gleichen Namen trugen. Es ist, als habe der Weltgeist einen Kreis schließen wollen. In gewissem Sinn war es auch so, denn es gab zwar – insofern war Romulus Augustulus gar nicht der letzte – jenen von Ostrom eingesetzten Julius Nepos noch, aber der hatte keine Bedeutung, und als er 480 in Salona in Dalmatien starb (er wurde, wie zu damaligen Zeiten für höherstehende Personen üblich, ermordet), verfügte Odoaker, daß kein Westkaiser mehr nötig sei. Er regiere für den einzig wahren, den Ostkaiser in Italien. Kaiser Zenon war es recht so. Er ernannte Odoaker zum »Patricius«. Das war ein alter, vornehmer römischer Titel. Von der Zeit Constantins ab wurde er verdienten Militärs verliehen; er bedeutete dann in byzantinischer Zeit, also bei Odoaker, einen hohen Rang, aber auch eine Abhängigkeit vom Kaiser. – Vom Senat in Rom erhielt Odoaker nicht etwa den Rang eines Consuls, sondern das Recht, Consuln zu ernennen. Damit war klar, daß der »Barbar« über dem höchsten Magistrat der Stadt stand. Den Kaisertitel anzustreben wagte auch Odoaker nicht.

Viertes Kapitel

Im vierten Kapitel befleckt Theoderich den Beginn seiner Herrschaft mit einem tückischen Mord – die Präpositionen in und von dokumentieren Zeitgeist – Theoderich entpuppt sich als die erste bedeutende, über militärische Raufbolderei hinausgehende germanische Gestalt der Weltgeschichte – ein Trompeter bläst zum Ende der Völkerwanderung – die Antike verabschiedet sich.

Mitte des fünften Jahrhunderts wurde noch in Pannonien, wo die Ostgoten unter hunnischer als auch römischer Oberherrschaft lebten (und vielleicht schmachteten), dem ostgotischen König Thiudimir ein Sohn geboren: Theoderich.

Dieser Sohn lebte als Kind und junger Mann als Geisel in Konstantinopel. Es war üblich, daß Barbarenhäuptlinge und Stammeskönige als Unterpfand für ihr Wohlverhalten und für die Einhaltung der Verträge mit dem Kaiser ihre Söhne nach Byzanz schickten. Dort durften sich diese zwar nicht ganz frei bewegen, klar, aber als Gefangene gehalten wurden sie auch nicht. In der Regel sorgte der Kaiser für die Erziehung und Ausbildung dieser »Prinzen«, und so hatte die Sache für die Römer den zusätzlichen Effekt, daß lateinische und griechische (und christliche) Kultur (was nicht selten auch Un-Kultur war) auf diesem Weg an den jeweiligen Barbarenhof kam, wenn die Geisel zurückkehrte und vielleicht

König wurde, wie es denn bei Theoderich tatsächlich der Fall war. Das war 469. Vier Jahre später verließen die Ostgoten Pannonien und zogen nach Makedonien, wo Theoderich nach dem Tod seines Vaters und zweier Onkel und nach Beseitigung eines fremden Konkurrenten (der auch Theoderich hieß) Alleinherrscher wurde. Theoderich, zivilisierter, besser gebildet und kultivierter als andere Germanenfürsten, hielt trotz gewisser Schaukelpolitik Ostroms ihm gegenüber auf gute Beziehungen zum Kaiser, was letzten Endes bewirkte, daß er 481 zum »Magister militum« (= Heermeister, Feldmarschall) ernannt und am 1. Januar 484 sogar Consul wurde. 488 schloß er mit Kaiser Zenon einen folgenschweren Vertrag.

Odoaker war dem Kaiser zu mächtig und zu selbstherrlich geworden. Wieder einmal beschloß ein Kaiser, den Teufel mit dem Beelzebub auszutreiben. Zenon beauftragte Theoderich in aller Form, Odoaker zu beseitigen und als Entgelt dafür solange in Italien zu herrschen, bis der Kaiser dorthin komme. Daß der Kaiser nicht die Absicht hatte, je nach Italien zu kommen, war wohl beiden Vertragschließenden klar. Die Abmachung bedeutete also eine zeitlich unbegrenzte Statthalterschaft Theoderichs in Italien und bedeutete auch, daß nun endgültig nicht mehr beabsichtigt war, einen Westkaiser einzusetzen.

Daß Zenon mit diesem Vertrag die Ostgoten aus der bedrohlichen Nähe seiner Hauptstadt loswurde, war sicher ein höchst erwünschter Nebeneffekt, vielleicht – wer weiß – sogar der Hauptgrund.

Theoderich zog und schlug los. Aber der Krieg war nicht so einfach. Odoaker wehrte sich, und er war ein ernstzunehmender Gegner. Theoderich gelang kein vollständiger Sieg. Er mußte im Februar 493 – also nach fünfjährigen Bemühungen – einen Kompromißfrieden mit Odoaker schließen, was ein klarer Bruch seines Vertrages mit dem Kaiser war. Doch in Byzanz herrschte inzwischen Anastasios I., der alle Hände voll zu tun hatte, eine höchst gefährliche Unruhe im Inneren und die neuerdings vordringenden Bulgaren zu bekämpfen, ein Slawenvolk, das sich dort festgesetzt hatte, wo vorher die Goten gewohnt hatten. So hatte Theoderich im Westen freie Hand. Er schloß – scheinheilig, wie sich bald herausstellte – mit Odoaker den erwähnten Friedensvertrag, der im Kern besagte, daß Theoderich und Odoaker gleichberechtigt über Italien herrschen sollten. Leichtsinnigerweise überließ Odoaker dem Theoderich die Hauptstadt Ravenna. Theoderich zog dort ein, und beim ersten Zusammentreffen der beiden Könige tötete Theoderich den arglos auf den Vertrag vertrauenden Odoaker mit eigener Hand.

Wenn auch Theoderich so den Anfang seiner Herrschaft mit einem tückischen Mord befleckte, muß festgestellt werden, daß er der wohl fähigste Herrscher in diesen wirren Jahrhunderten war und den ihm von der späteren Geschichtsschreibung verliehenen Titel »der Große« verdiente. Über seine politische Bedeutung hinaus leuchtet seine Gestalt in jener mit gutem Grund als kultur- und kunstarm zu bezeichnenden Zeit als einer der wenigen Fürsten heraus, denen die Kunst bleibende Denkmäler verdankt. Ravenna schmückte er mit Bauten, die diesen sonst längst unbedeutend gewordenen Ort heute noch zu einer der Kunsthauptstädte Italiens machen.

Die Herrschaft Theoderichs war schwierig und heikel. Sein Rechtstitel zur Herrschaft war, wie in römischer Geschichte nicht selten, nicht eindeutig definiert. Klar war, daß er – dem Namen nach – dem Kaiser unterstand. Auch er, wie Ricimer oder Odoaker, wagte es nicht, selbst zur Kaiserkrone zu greifen. Es muß dies der immer noch wirkende Respekt vor den Römern gewesen sein – oder unverrückbares Legalitätsdenken? Anders ist dies nicht zu erklären, denn niemand, am wenigsten der Kaiser im Osten, hätte es Theoderich verwehren können, sich zum (West-)Kaiser ausrufen zu lassen. Eine Protestnote hätte Anastasios herüberschleudern können, mehr nicht.

Klar war auch, daß der Königstitel Theoderichs nur für *sein Volk* galt, nicht für das Land, das er regierte. Er war, wenn man so will, König (der Goten) *in* Italien, nicht König *von* Italien. Zwar übte Theoderich die höchste Gerichtsbarkeit auch über die nicht-gotischen Bewohner Italiens aus, dies aber nur namens des Kaisers. Zwar schlug er die Ernennung der Consuln (die gab es in Rom immer noch) und Senatoren usw. vor, die Ernennung erfolgte jedoch durch Byzanz. Auch, und das ist bemerkenswert, übertrug der Kaiser Theoderich die oberste Autorität in Angelegenheiten des staatlichen Verhältnisses zur Kirche, und dies, obwohl Theoderich Arianer war. Theoderich verhielt sich in diesem Punkt dem katholischen Papst gegenüber mit einer Toleranz, von der sich die Kirche eine Scheibe abschneiden hätte können. Die ausgedehnten Friedenswerke des Heermeister-Königs Theoderich waren beachtlich. Da er die Finanzen seines Herrschaftsbereiches (der meist »die Präfektur Italia« genannt wird) ordnete, hatte er, selten genug für Fürsten der Zeit, sogar Überschüsse. Er verwendete sie zur Verschönerung seiner Residenz Ravenna, aber auch zur dringend notwendigen Restaurierung des langsam verfallenden Rom. (Noch heute findet man Ziegel mit der Einprägung »Theodoricus rex« in Rom. Möglicherweise stammt das noch erhaltene sogenannte Stadion auf dem Palatin von ihm.) Sizilien entriß er den Vandalen, die sich dort eingenistet hatten, und seine Goten siedelte er in einer Weise an, die die bisherigen Besitzstrukturen wenig berührte.

Wie weit Theoderich sich dem Gestus römischer Herrschaftsformen näherte, zeigt die Inschrift einer Goldmünze, die er zu seinem dreißigjährigen Herrscherjubiläum prägen ließ: er nannte sich dort »Sieger und Triumphator«, »Verbreiter des römischen Namens«, »Beherrscher und Besieger der Barbarenvölker« (!) – und dennoch fühlte er sich soweit noch Barbar, daß er nicht nach der Kaiserkrone griff.

*

Die Geschichte der Germanen erschöpfte sich jedoch nicht in der der Ostgoten. Mehrere ähnliche Germanenvölker hatten sich inzwischen auf dem Reichsgebiet angesiedelt und Staaten gegründet, die zwar alle in dem Sinn wie der italienische Ostgotenstaat Volkskönigreiche waren, die sich das Staatsgebiet vom Kaiser quasi nur liehen, die aber alle auch nach territorialer Unabhängigkeit strebten.

Das Vandalenreich in Nordafrica kann welthistorisch betrachtet als ephemer außer acht gelassen werden, denn dieser Piratenstaat, der nur eine dünne germanische Oberschicht aufwies, ging bald wieder unter.

Als beständiger erwies sich das sogenannte Tolosanische Reich der Westgoten. Es umfaßte fast die ganze Pyrenäenhalbinsel und einen Teil Südfrankreichs. Im Nordwesten der Halbinsel hatten die Sueven ein Reich gegründet. Beide Völker waren arianisch. Einen Teil Südfrankreichs, nämlich das Rhônegebiet bis nach Dijon und jenes Land, das heute noch Burgund heißt, einschließlich der Schweiz, beherrschten die – ebenfalls arianischen – Burgunder unter ihren Königen, und seit der Mitte des fünften Jahrhunderts drang vom Norden, nämlich von der Maas- und Rheinmündung her kommend, jenes Volk ein, das, was damals noch niemand ahnte, bald das Erbe des Weströmischen Reiches antreten und dessen Geschichte der Anfang der eigentlichen deutschen Geschichte sein sollte: die Franken. Zum Glück für den römischen Papst wurden die Franken als einziges germanisches Volk bei ihrer Christianisierung katholisch.

Die Geschichte dieser Christianisierungen ist eine Sache für sich. Meist ließen sich die Angehörigen der Oberschicht taufen, ließen die Tünche eines abergläubischen Christentums über sich verbreiten, zogen nach und nach – aus sozialen Gründen – die Unterschichten nach sich. Nicht selten kamen Zwangstaufen vor, und oft waren »Rückfälle« in den alten Glauben zu verzeichnen. Und lange, sehr lange (in manchen Bräuchen der »Volksfrömmigkeit bis heute) brodelte das fröhlichere Heidentum unter dem düsteren Deckel der Pfaffenreligion weiter.

Eigenartig in dem Zusammenhang ist, daß sich alle diese Reiche im wesentlichen westlich des Rheins und südlich der Donau bildeten. Wahrscheinlich betrachteten diese inzwischen zivilisierten und vielleicht sogar (jedenfalls was Theoderich anbetrifft) kultivierten Germanen ihre jenseits der Rhein- und Donaugrenze verbliebenen Vettern nunmehr so als Barbaren wie die Römer früher sie selbst. Es gab jenseits von Rhein und Donau auch Germanen: Sachsen, Thüringer, Bajuwaren, Friesen u. a. Sie alle waren, auch darin werden die sich kultiviert fühlenden Germanen einen gravierenden Unterschied gesehen haben, Heiden.

Die unbestrittene, auch, wenn man so sagen kann, überstaatliche Autorität unter den Germanen war Theoderich, der diese Rolle durch eine ausgeklügelte, leider letzten Endes gescheiterte Heiratspolitik zu untermauern suchte. Er heiratete 493 Audofleda, die Schwester des ersten Frankenkönigs Chlodwig, zwei seiner Töchter aus früherer Ehe, Ariagne und Theudigotha, verheiratete er 494 mit dem König der Burgunder Sigismund bzw. dem König der Westgoten Alarich II., 500 seine Schwester Amalufrida mit dem König Thrasamund der Vandalen und 510 seine Nichte Amalaberga sogar mit dem heidnischen Thüringerhäuptling Hermanfried.

Das kunstvoll gesponnene Netz hielt jedoch nicht. Alarich II. starb bald, es brachen Thronwirren aus, die Theoderich dadurch beendete, daß er sich auch zum König der Westgoten erklärte. Offenbar wollte er die beiden Gotenreiche vereinigen, denn er verheiratete 515 seine einzige Tochter aus der Ehe mit Audofleda, die Prinzessin Amalaswintha, mit einem Westgotenprinzen namens Eutharich. Da Theoderich keinen Sohn hatte, bestimmte er diesen zum Nachfolger. Der Kaiser in Byzanz war damit einverstanden, denn 519 hatte Eutharich zusammen mit dem (seit 518 regierenden) Kaiser Justinos I. das Consulat inne. Der römische Senator, Politiker und – heute würde man sagen – Publizist Cassiodorus verfaßte einen Hymnus auf das Consulat Eutherichs, der jedoch schon 522 starb. Das paßte natürlich nicht in Theoderichs Plan, aber immerhin hatte der Kronprinz einen Sohn hinterlassen, Athalarich, zwar noch ein Kind, aber als leiblicher Enkel Theoderichs ohne weiteres zum Nachfolger designiert.

Doch Theoderichs Lebenswerk begann schon zu seinen Lebzeiten zu zerbröckeln. Mag sein, die dynastischen Fäden, die er geknüpft hatte, waren nicht tragfähig, mag sein, er wurde im Alter starrsinnig (nicht selten bei Politikern) und erkannte die Gefahren seiner Schaukelpolitik – von der gleich die Rede sein wird – nicht, mag sein auch, die Zeit für ein germanisches Großreich auf weströmischem Boden war noch nicht gekommen.

Die ostgotischen Adeligen störte die zunehmende Hinwendung von Theoderichs Politik zu den Römern, d.h. den römischen Patriciern und Senatoren, und sein in den Augen der gotischen Herren zu stark von römischem (»artfremdem«?!) Geist beeinflußter Lebensstil; dieser Opposition versuchte Theoderich durch noch stärkere Hinwendung zum Kaiser zu begegnen. Aber den Römern war er immer noch zu sehr Barbar. Dazu kam das religiöse Moment: für arianische Goten war Theoderich den Katholiken gegenüber zu freundlich gestimmt. Dafür störte die Katholiken der arianische König. Es kam so weit, daß der römische Senat Geheimverhandlungen mit dem byzantinischen Hof aufnahm, ohne Zweifel, um Theoderich zu stürzen, vielleicht die Goten überhaupt zu vertreiben. Ob Theoderichs Reaktion richtig war, ist anzuzweifeln. Er griff mit aller Schärfe durch und räumte unter den Senatoren auf wie vor ihm nur monströse Kaiser wie Caligula oder Caracalla. Auch der Philosoph Boëthius mußte dran glauben, vorher hoher Minister und Günstling Theoderichs, dessen in der Gefangenschaft geschriebenes Buch ›Trost der Philosophie‹ erhalten ist. Er gilt als letzter antiker Dichter von Rang. (Daß ihn die katholische Kirche frecher-, um nicht zu sagen, unverschämterweise als Märtyrer des Arianismus feiert, ist eine Geschichtsklitterung; ich vermute, daß Boëthius Heide war.)

Mit der Hinrichtung des Boëthius befleckte Theoderich das Ende seiner Regierung, so wie er durch den eigenhändigen Meuchelmord an Odoaker den Anfang befleckt hatte. Dennoch ist nicht zu verkennen, daß wir in Theoderich die erste wirklich bedeutende, über militärische Raufbolderei hinausgehende germanische und damit, wenn man so will, deutsche Gestalt der Weltgeschichte vor uns haben.

Die Katholiken betrachteten es als bezeichnendes Omen, daß Theoderich 526 am gleichen Tag starb wie – zweihundert Jahre vorher – der »Erzketzer« Arius, nämlich am 30. August. Das Ostgotenreich überlebte ihn nicht lange. Zwar versuchten Amalaswintha als Vormünderin ihres Sohnes Athalarich und dann Theoderichs Neffe Theodahad die Politik des großen Königs fortzusetzen, sie hatten aber beide nicht das Format und das politische Geschick, vor allem nicht die Autorität Theoderichs. Dazu kam, daß 527 mit Justinianos I. ein Kaiser in Byzanz auf den Thron kam, der es verstand, das Reich, dessen Verwaltung und Heer zu konsolidieren, und der mit Belisar und später Narses über zwei geniale Generäle verfügte. Innere Streitigkeiten der Goten und Eifersüchteleien der Adeligen erleichterten das Ziel Justinians: die Eroberung oder besser gesagt Zurückeroberung Italiens. Justinians Ziel war noch weiter gesteckt. Er wollte, beseelt von der alten römischen Reichsidee, nicht weniger als das Reich in den Grenzen wiederherstellen, die es zu Constantins Zeiten gehabt hatte. Anfangserfolge gaukelten vor, daß dieses – in Wirklichkeit absurde – Ziel erreichbar sei. Aus Africa waren 534 die Vandalen vertrieben, das Land wieder römische Provinz. (Der Kaiser in Byzanz verstand sich immer als römischer Kaiser, selbst wenn er, wie viele, die Stadt Rom nie betrat. Noch Konstantin XIV. bezeichnete sich als »Basileios der Rhomäer«, auch wenn das griechisch-geschrieben war.)

Wenig später begann der Feldzug gegen die Ostgoten. 540 mußte der Gotenkönig Vitigis (oder Wittiches) vor Belisar kapitulieren. In der Hauptstadt Ravenna regierte nun Belisar als »Exarch« namens des Kaisers. 541 konnte zwar Vitigis' Nachfolger Totila den größten Teil Italiens in einer gewaltigen Anstrengung zurückgewinnen (nicht jedoch die Hauptstadt), aber im Juli 552 schlug der neue Feldherr Narses Totila vernichtend. Der Gotenkönig fiel in der Schlacht. Sein Nachfolger Teja focht einen so heldenhaften wie aussichtslosen Kampf gegen die noch einmal (das letzte Mal) im Geist der alten Legionen streitenden kaiserlichen Truppen, die darüber hinaus zahlenmäßig überlegen und taktisch weit besser geschult und geführt waren. Im Oktober 552 vernichtete Narses das Gotenheer in einer Schlacht zwischen Neapel und Salerno. Die Ostgotenherrschaft war zu Ende.

Die Heldentaten der Goten überlebten in den Sagen von Dietrich von Bern, den Untergang der Ostgoten schilderte Felix Dahn zwar romantisierend, aber in den großen Zügen zutreffend in seinem Roman ›Ein Kampf um Rom‹.

*

Die weitergesteckten Ziele erreichte Justinian nicht. Zwar waren römisch-byzantinische Armeen zeitweilig in Spanien erfolgreich, das Westgotenreich konnten sie jedoch nicht zerstören. So weit reichte der Arm Byzanz' nicht mehr. Und auch des Besitzes Italiens konnte sich der Kaiser nicht lang erfreuen. Justinian – wie oft sich die Modelle wiederholen – hatte zur Bekämpfung der Ostgoten Hilfstruppen aus einem seit einiger Zeit in Pannonien ansässigen Germanenvolk angeworben: die Langobarden. Sie kamen auf den Geschmack vom Leben in Italien, und keine zwanzig Jahre nach dem Ende des Gotenreiches fielen die Langobarden (kein einheitliches Germanenvolk, eher ein Konglomerat, das auch nichtgermanische Einsprengsel enthielt) in Italien ein. Justinians schwächliche Nachfolger konnten es nicht verhindern. Zwar verblieben Byzanz einige abhängige Landstriche in Sizilien und Süditalien, dem Namen nach auch der quer durch die Halbinsel reichende Landstreifen, den der Papst als halbsouveränen Besitz beanspruchte, und das Exarchat Ravenna (nicht viel mehr als ein Stadtstaat), im übrigen verabschiedete sich Byzanz damit von seiner geschichtlichen Bedeutung im Westen.

Wenn damals – der Leser erinnert sich vielleicht – ein Trompeter die Völkerwanderung eingeblasen hatte, so trat nunmehr, sagen wir: am 31. Dezember 574 ein Trompeter auf den Balkon der ganz neuen Residenz des Langobardenkönigs Kleph (oder Clef) in Mailand heraus und verkündete: »Hiermit ist die Völkerwanderung beendet.«

Ein anderes, nicht genau feststellbares Datum aber besiegelte unmerklich das Ende des westlichen Römerreiches. Wir haben oben gehört, daß die germanischen Königreiche nur Herrschaften über das (germanische) Volk waren, nicht über die ansässigen Römer und nicht über das Land. Die Gesetze der germanischen Könige galten *nur* für *ihre* Leute. König Eurich im westgotisch-tolosanischen Reich aber (möglicherweise erst sein Sohn und Nachfolger Alarich II.) erließ – lateinisch geschrieben, von römischen Juristen verfaßt – den sogenannten »Codex Euricianus«, der zwar in erster Linie für die Goten galt, jedoch auch die Rechtsverhältnisse zwischen Goten und Römern regelte und somit mittelbar auch für die in Spanien ansässigen Römer verbindlich war. Das war etwa um 480/490. Damit hatte ein Germanenkönig erstmals de facto auch das Staatsgebiet beansprucht. Die Antike (im Westen) war endgültig zu Ende.

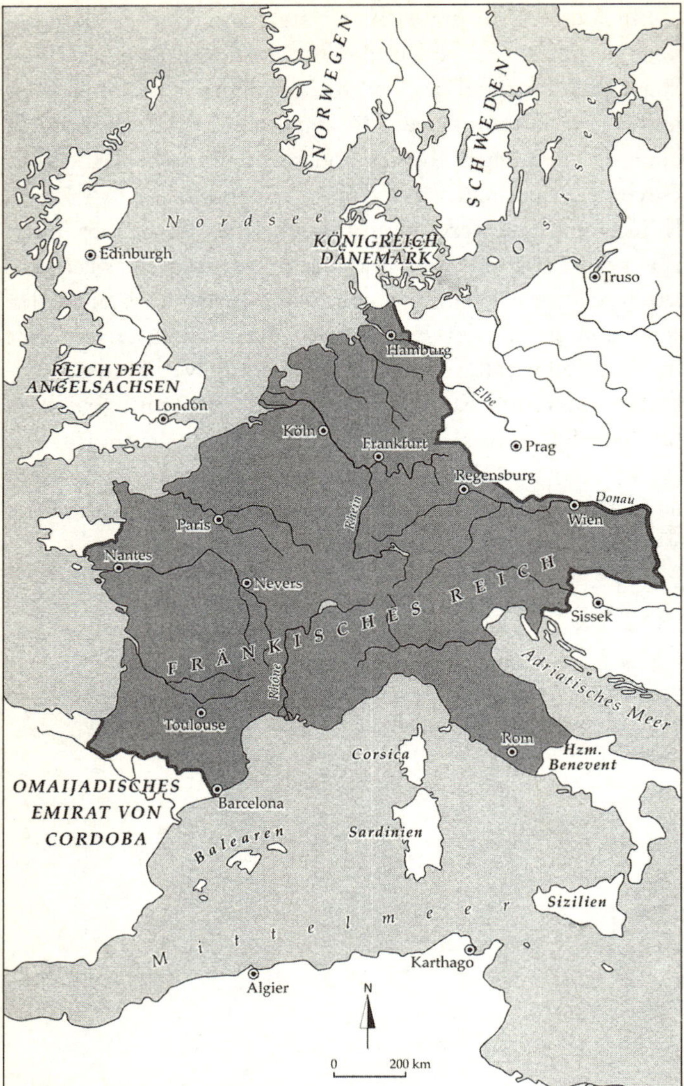

FRÄNKISCHES REICH UNTER KARL DEM GROSSEN

II. Teil

Reich Karls des Großen

Erstes Kapitel

Im ersten Kapitel wird »deutsch« zum Werbehit der Kirche – bei einem Ausflug in die Zukunft versandet die Reichsidee und entpuppt sich als romantischer Traum – die Franken herrschen ohne rechtliche Spitzfindigkeiten – die Kirche jubiliert unter Vorspiegelung falscher Tatsachen – der Erbfolge wird mit unlauteren Mitteln nachgeholfen – merowingische Rotschöpfe bestimmen das Geschick der Weltgeschichte – der Hausmeier Pippin schickt den degenerierten König ins Kloster – Papst Stephan II. fühlt sich zuständig für die gesalbte Königsgnade.

Der Leser hat oben den Satz wahrgenommen, daß mit dem Aufkommen der Franken die eigentliche deutsche Geschichte beginnt.

Was aber ist »deutsch«?

Das Wort und der Begriff »deutsch« ist relativ neu. Es taucht zunächst als bloße Bezeichnung einer Sprache auf – also nicht als Bezeichnung eines Volkes –, der Sprache nämlich, die nicht Latein war. Der älteste Beleg für das Wort »theodisca« findet sich – 786, zur Regierungszeit Karls des Großen – in einem Bericht des Kardinalbischofs Georgius von Ostia an Papst Hadrian I. Der Bericht war selbstverständlich lateinisch abgefaßt und verwendete den Begriff in latinisierter Form. Es wurden damit die rechtsrheinischen Stämme des Frankenreiches (Sachsen, Ostfranken, Schwaben und Bayern) als deutsch im Unterschied zu den linksrheinischen Westfranken bezeichnet. Der Begriff hatte zunächst keine staatsrechtliche, sondern kirchenrechtliche Bedeutung. Das ist nicht unlogisch, denn die Kirche wollte die »deutschen« Stämme christianisieren und war deshalb darauf angewiesen, ihr Augenmerk auf die Volkssprachen zu richten. Wer werben will, muß sich der Sprache bedienen, die der Umworbene versteht. Eine lateinische Predigt hätten die alten »Deutschen« schwerlich verstanden. Das Wort selbst kommt vom althochdeutschen »diot«, hat eine gotische und eine indogermanische Wurzel und bedeutete zunächst »fremd«.

Deutsch wurde in der späteren Karolingerzeit in der Osthälfte des Reiches – unabhängig von der Stammeszugehörigkeit – neben dem Lateinischen Amts- und Rechtssprache. Die Bezeichnung »deutsch« meinte damals alles, was sich der deutschen Rechtssprache bediente, also auch die wendischen, sorbischen und slawischen Stämme in den Gebieten, die im Laufe der Karolingerzeit und der Zeit der frühen Kaiser erobert und kolonialisiert wurden (was fast immer: mit Feuer und Schwert zwangsbekehrt bedeutete): Mecklenburg, Pommern, Böhmen, Schlesien, West- und Ostpreußen, aber auch die südlichen Marken bis Istrien und Verona. Bis ins beginnende neunzehnte Jahrhundert hinein war die Schreibweise »teutsch« geläufig, eine oberdeutsche Form; erst in der deutschen Romantik begann sich die niederdeutsche Form »deutsch« einzubürgern, wie sie heute noch geläufig ist.

Staatsrechtliche Bedeutung hatte das Wort »deutsch« nicht. Das Karolingische Reich war ein komplexer Machtbereich, der auf einem fränkischen Kern beruhte und in der Person des Königs, der – davon wird noch zu reden sein – in Personalunion Römischer Kaiser war. Das »Sacrum Imperium Romanum Nationis Germaniae«, das Heilige Römische Reich

Deutscher Nation, war die offizielle Bezeichnung des Staatenkonglomerats in Mitteleuropa seit der Kaiserkrönung Ottos I. am 2. Februar 962. Sie ist es bis zum 6. August 1806 geblieben, dem Tag, als Kaiser Franz II. die Krone des alten Reiches niederlegte und sich fortan nur noch Kaiser von Österreich nannte. Wo das alte Reich damals geblieben ist, weiß niemand. Vielleicht gibt es das Reich heute noch, ohne daß wir es wissen. Jedenfalls gab es 1848 noch Überlegungen, ob man nicht dem König von Preußen die seit 1806 erledigte Kaiserwürde anbieten solle. Man ging also davon aus, daß es zumindest damals noch das Kaiserreich – nur ohne Kaiser – gebe. Der König von Preußen lehnte übrigens angeekelt ab, da er keine Krone aus der Hand eines Parlaments annehmen wollte.

Das »Heilige Römische Reich Deutscher Nation« war keineswegs ein irgendwie national, also völkisch ausgerichtetes Staatsgebilde. Zum Römisch-Deutschen Reich gehörten – in verschiedener, oft äußerst komplizierter und schwer zu durchschauender staatsrechtlicher Verbindung – außer den ostfränkischen Kerngebieten die Niederlande, die wendischen und slawisch besiedelten Marken und die Fürstentümer Pommern und Mecklenburg, die Mark Brandenburg, das tschechische Herzogtum (später Königreich) Böhmen, als böhmische Anhängsel das ehemals polnische Herzogtum Schlesien (eine Tatsache, die die Deutschnationalen besonders ungern hören), die tschechische Markgrafschaft Mähren, die slowenischen Grafschaften und Herzogtümer südlich der Grenze Kärntens (in Istrien und Dalmatien), die oberitalienischen Gebiete einschließlich der Toscana und Mailands, Savoyen und Burgund (und zwar das ganze »alte« Burgund bis zum Mittelmeer). Die Grenze des Reiches war die Rhône.

Zusammengehalten wurde dieser Staat nicht durch eine Nationalidee, sondern durch die Reichsidee, die Person des

Kaisers und die Krone. Die Krone war übrigens lange Zeit kein konkreter Gegenstand, nur ein symbolischer Begriff – selber eine Idee. Die Kaiserkrone, das berühmteste und kostbarste der »Reichskleinodien«, stammt in der Form, die sie zuletzt hatte, aus der Zeit Kaiser Konrads II., also aus dem elften Jahrhundert. Siebzehn der zwanzig »Reichskleinodien«, unter anderem die genannte Kaiserkrone, der Reichsapfel, das Schwert, aber auch Krönungssandalen und Krönungsstrümpfe, befanden sich seit 1424 in Nürnberg, von wo sie jeweils zur Krönung nach Frankfurt gebracht wurden. 1796, als der Einmarsch Napoleons drohte, brachte sie der letzte römische Kaiser nach Wien in Sicherheit, wo sie bis heute in der Schatzkammer verwahrt werden. Drei Reichskleinodien befinden sich im Domschatz zu Aachen: die wahrscheinlich aus dem dreizehnten Jahrhundert stammende deutsche Königskrone, das deutsche Königszepter und eine Kaiserdalmatica, ein Krönungsmantel.

Die Reichsidee, eine umfassende, universale Staatsphilosophie, beherrschte zunächst das Mittelalter, versickerte und versandete im Lauf der Zeit immer mehr durch das Aufkommen partikularer Interessen, wurde später nur noch gelegentlich zur Unterstützung mehr oder minder berechtigter Territorialansprüche hervorgeholt und schrumpfte endlich zum romantischen Traum des einen oder anderen Kaisers. Von Deutschtum oder einem deutschen Volk war nie die Rede. Vom »Volk« war überhaupt nie die Rede. Wenn in irgend einem Zusammenhang, etwa bei Reichsversammlungen, von einem »Volk« die Rede ist, sind immer die höheren Stände gemeint. Das »niedere Volk« galt als Vieh, war de jure oder de facto leibeigen, hatte keine Rechte und war ohne Namen. Ununterbrochen liest man davon, daß Kaiser, Könige, Herzöge, Bischöfe und Äbte, wenn sie ihrer Feinde nicht habhaft werden, die feindliche Festung nicht knacken konnten, zur Strafe, aus Rache oder sonst hohen politischen oder kirchlichen Beweggründen, die Dörfer und das Land und das ganze tierische und menschliche Vieh des Gegners vernichteten und massakrierten. Ein übliches, von der Kirche nicht beanstandetes Verfahren *aller*, ich sage: aller »Großen« des Mittelalters. –

Interessant im »nationalen« Zusammenhang ist es, sich etwa die Situation in Böhmen zu vergegenwärtigen: eine tschechisch sprechende Bevölkerung stand einer deutsch sprechenden Oberschicht gegenüber, und die Amts-, Rechts- und Kirchensprache war Lateinisch. Es hätte nicht viel gefehlt, und Böhmen wäre der Sprache nach ein deutsches Land geworden. Erst im neunzehnten Jahrhundert erwachte das Nationalbewußtsein der Tschechen, und zwar kurioserweise unter dem Einfluß der deutschen Romantik, namentlich der Ideen und der Schriften der Brüder Grimm. Das hören die Tschechen nun wieder nicht gerne. Anders war es bei den Ungarn, die zwar staatsrechtlich nie zum Römischen Reich gehörten, aber durch Personalunion ihrer Könige mit den Königen von Böhmen und den habsburgischen Kaisern seit dem vierzehnten Jahrhundert eng mit dem Reich verknüpft waren. Sie bewahrten ihre sprachliche und völkische Eigenheit stets ungebrochen.

Wann beginnt also die deutsche Geschichte?

Das erste Staatsgebilde, das im Namen offiziell die *deutsche* Bezeichnung »deutsch« enthielt, war der »Deutsche Bund«, ein loser Staatenverein, der nach den Napoleonischen Kriegen durch die Bundesakte vom 8. Juni 1815 gegründet wurde, um eine notdürftige Regelung nach dem Untergang des alten Reiches zu schaffen. Die Souveränität der einzelnen Bundesstaaten wurde nicht angetastet, weniger als etwa heute die der einzelnen EU-Staaten. Immerhin hatte der Deutsche Bund so etwas wie eine deutsche Nationalidee. Er umfaßte alle heute deutschsprachigen Staaten, jedenfalls fast alle, dazu das tschechische Böhmen und Teile der Niederlande, mußte allerdings schon auf die deutschsprachige Schweiz und auf Elsaß und Lothringen verzichten. Auch das hohenzollerische Königreich Preußen (Ost- und Westpreußen) war nicht Mitglied des Deutschen Bundes. Der Deutsche Bund – auch davon wird (in späteren Bänden dieser Darstellung) noch zu reden sein – ging 1866 unter, es folgte das Bismarcksche Deutsche Reich von 1871, das Reich, das man als »Zweites Deutsches Reich« zählte. Das traurige Dritte Reich ist bekannt.

Sicher beginnt aber mit der Reichsgründung vom 18. Januar 1871 im Spiegelsaal zu Versailles nicht die deutsche Geschichte. Vielleicht endete sie sogar mit diesem Ereignis: die von Bismarck durchgesetzte kleindeutsche Lösung verzichtete auf einen universellen deutschsprachigen Staat, und seitdem haben die Deutschsprechenden keine gemeinsame Geschichte mehr. Man wird also doch weiter ausholen und mit den alten Germanen beginnen müssen, wie wir es hier getan haben.

Der Kuriosität halber soll hier jedoch das eingeschoben werden, was eine der ersten in deutscher Sprache geschriebenen Weltgeschichten vom Ursprung der Deutschen weiß: Johann Hübners ›Kurtze Fragen aus der Politischen Historia biß auf gegenwärtige Zeit continuieret, und mit einem vollständigen Register versehen‹. Im »fünften Theil« dieser Weltgeschichte, der 1712 erschienen ist, wurden folgende Tatsachen behauptet und, wie anzunehmen, auch geglaubt: nach der Sintflut hätten sich die drei Söhne Noahs, Sem, Ham und Japhet, die wieder getrocknete Welt geteilt. Japhet habe Europa bekommen und habe einen Sohn namens Gomer gehabt, dieser wieder einen Sohn namens Ascanes oder Tuisco, woher das Wort deutsch komme. Tuisco habe 151 Jahre als erster König der Deutschen regiert und das Alphabet erfunden. Nachfolger Tuiscos sei sein Sohn Mannus gewesen, von dem die Grafschaft Mansfeld ihren Namen habe, dann sei dessen

Sohn Ingeron an die Regierung gekommen. Es geht dann weiter über eine genaue Genealogie von Königen mit Namen Istevon, Hermion, Marsus und Gambrivius bis zu einem Alemanus mit Beinamen Hercules, der zur Zeit des Auszuges der Kinder Israels aus Ägypten regiert habe. Was – so gibt Hübner allerdings zu – zwischen dem Auszug aus Ägypten und der Zeit Caesars, als die ersten Nachrichten von den Germanen in Rom auftauchten, sich in Deutschland ereignet habe, wisse man leider nicht. Wann also, nochmals gefragt, beginnt denn nun die deutsche Geschichte?

Zurück zu den Franken (die ja für manche Völker dem Namen nach heute noch als die Deutschen schlechthin zählen): Richard Wagner, der mit der Sprache immer in jeder Hinsicht eigenwillig umgegangen ist, begründete seine Wahl Bayreuths als Wohnsitz unter anderem damit, daß er gern in Franken wohnen werde, denn »frank« und »frei« sei ja gleichbedeutend, also die Franken die »Freien« seien. (Daß das eine deutliche Spitze gegen die Bayern war, ist eine andere Geschichte.) Auch hier irrte Wagner. Der Name »Franken« tauchte als Sammelname einer Reihe von einzelnen kleineren Germanenstämmen im dritten Jahrhundert auf und bedeutet »die Mutigen, Frechen«. Die Bedeutung »frei« ist spätere Erklärung. Welche Stämme im einzelnen zu dem Volk zählten, die als Franken nach Gallien eindrangen, ist nicht klar, wie überhaupt die Frühgeschichte der Franken im Dunkeln liegt.

Teils gewaltsam eindringend, teils als Hilfstruppen von den Römern gerufen, teils legal angesiedelt, strömten die Franken von der Mitte des vierten Jahrhunderts an in die gallischen Provinzen, und um 450 hatten sie dort ein Reich etabliert. Die Römer – d. h. der weströmische Kaiser oder wer gerade für sie regierte – betrachteten die fränkischen Könige (es gab mehrere Teilkönige mit geographisch abgegrenzten Herrschaftsbereichen) als Volkskönige, »Foederaten«, d. h. ungefähr: nachgeordnete Bundesgenossen und für die römische Bevölkerung nicht zuständig. Die fränkischen Könige sahen dies wohl anders. Sie kümmerten sich um derlei rechtliche Spitzfindigkeiten nicht, und als Ende des Jahrhunderts die kaiserliche Herrschaft über Gallien endgültig versickert war, herrschte der fränkische König unumschränkt über das gemischt gallisch-römisch-germanische Staatsvolk und das Staatsgebiet von den Pyrenäen bis zur Nordsee und zur Rheingrenze. Zeitweilig erfreuten sich die Franken sogar besonderer kaiserlicher Gunstbezeugungen, denn man sah im Frankenreich ein nicht unwillkommenes Gegengewicht gegen die Ostgoten in Italien. König Theoderich war jedoch, wie schon erzählt, die bestimmende Autorität unter den Germanenfürsten, auch als 482 im Frankenreich der tatkräftige Chlodwig ans Ruder kam, alle Teilreiche in seiner Hand vereinigte und durch einen Sieg über den letzten römischen Herrn, den »rex Romanorum« Syagrius, die kaiserliche Herrschaft beseitigte.

Wir kennen die Geschichte der fränkischen Herrscher aus dieser Zeit aus den Schriften des Bischofs und Historiographen Gregor von Tours. Auch wenn Gregor als Römer mit spürbarer Distanz über die Franken berichtet, ist objektiv nicht zu verkennen, welchen bemerkenswerten Grad von Verkommenheit die fränkischen Dynasten erreicht hatten. Das beweist, meine ich, daß moralisch-sittliche und politische Degeneration kein Privileg der Spätzeit der Völker ist.

Die Franken waren, als sie in Gallien eindrangen oder einwanderten, Heiden. In einem der Jahre zwischen 496 und 500 ließ sich König Chlodwig taufen, und zwar, wohl eher durch Zufall, nicht arianisch, sondern katholisch. Die katholische Kirche feierte im Jahr 1997 das eineinhalbtausendjährige christliche Frankreich. Abgesehen davon, daß das Datum 497 eher unwahrscheinlich ist, hatte die Taufe des Königs noch längst nicht die Christianisierung der Franken zur Folge. Erst langsam folgte die adelige Oberschicht dem Beispiel des Königs, und bis das Volk christlich wurde, dauerte es noch lang. Noch im sechsten und siebten Jahrhundert wurden Maßnahmen gegen heidnische Kulte und Zauberei getroffen. Im Übrigen ging diese »Christianisierung« mit unbeschreiblicher Brutalität und Intoleranz seitens der auch immer geld- und machtgieriger werdenden Pfaffenhorden vor sich.

*

Nach dem Tod des mit Recht als ersten eigentlichen Frankenkönig betrachteten Chlodwigs I. im Jahr 511 trat etwas ein, was zwar den Bestand des Frankenreiches – vorerst – nicht gefährdete, was jedoch in den späteren Jahrhunderten der deutschen Geschichte verhängnisvoll sein sollte: die Erbteilung nach salischem Gesetz. (Das Kernvolk der Franken hieß Sal-Franken oder Salier.) Dieses Erbfolgegesetz ist germanischen Ursprungs, war den Römern fremd und besagte, daß alle Söhne eines Königs gleichberechtigt erbten. Alle Söhne – im Falle Chlodwigs waren es vier mit den schönen, aus fränkischer Urwelt heraufklingenden Namen: Theuderich, Chlodomer, Childebert und Chlotar – wurden also nach dem Tod des Vaters Könige. (Heimito von Doderer hat in seinem Roman ›Die Merowinger‹ die ganze Geschichte parodistisch umgestülpt und sich an den Namen ergötzt. »Merowinger« wurde die Königsfamilie nach einem mehr legendenhaften Urahn Merowech genannt.)

Die vier Könige grenzten ihre Herrschaftsbereiche geographisch genau ab, im Übrigen blieb der Bestand des Reiches nach außen hin unangetastet. Als Chlodomer (der in Orléans regierte) schon 524 starb, erbten nun nach eben dem salischen Gesetz nicht dessen Söhne, vielmehr wurde sein Erbe nach dem Prinzip der »Anwachsung« zwischen den verbliebenen drei Brüdern geteilt. Und das ging im Wesentlichen so fort, was eine ungemein komplizierte innerfränkische Geschichte ergab, die hier darzustellen zu weit führte. Daß ab und zu der Erbfolge mit, milde gesagt, unlauteren Mitteln nachgeholfen wurde, versteht sich nach den Gesetzen der Weltgeschichte von selbst. Übrigens galt als unabdingbares Gütezeichen für den Erb- und Herrschaftsanspruch: der Prinz mußte rote Haare haben. Hatte ein Merowinger das Pech einer anderen Haarfarbe, war er von der Nachfolge im Königsamt ausgeschlossen.

Der Bestand des Frankenreiches nach außen blieb nicht nur unangetastet, durch die Gunst der Umstände und durch den gelegentlichen Glücksfall (die naturgemäß Unglücksfälle für die Nachbarn waren), daß unter den oft zahlreich gleichzeitig regierenden Königen ein fähiger Mann zu finden war, expandierte das Reich sogar. 531 dehnten die Franken erstmals ihren Herrschaftsbereich ins rechtsrheinische Germanien aus, indem die Thüringer unterworfen, ihr Gebiet also Provinz des Frankenreiches wurde. Die thüringischen Adeligen wurden bald gute Franken. Das thüringische menschliche Niederwild wurde massakriert oder – im besten Fall – versklavt.

Das Burgunderreich an der Rhône, das die Franken am Zugang zum Mittelmeer hinderte, war den fränkischen Königen längst ein Dorn im Auge und ein Pfahl im Fleisch. Es hatte schon seit Chlodwigs Zeiten heftige Kämpfe mit wechselndem Glück gegeben, wobei West- und Ostgoten eingriffen und dynastische Streitigkeiten innerhalb der burgundischen Königsfamilie eine unschöne Rolle spielten. Nach Theoderichs des Großen Tod und mit dem Zerfall des Ostgotenreiches fehlte den Burgundern dieser mächtige Bündnispartner. 534 wurde das Burgunderreich zerschlagen und fränkische Provinz. 536 rissen die Franken dann die Provence aus der

Konkursmasse des Ostgotenreiches an sich. Theudebert I., 534 – 548 in Reims regierend, war der Tüchtigste unter den Merowingerkönigen dieser Zeit. Ihm gelangen die Unterwerfung der Alemannen und die Ausdehnung seines Reiches auf die ehemaligen römischen Provinzen Raetien und Noricum, auch auf Teile Oberitaliens.

So wurde das Frankenreich ein Vielvölkerstaat, dessen Bevölkerung aus gallo-romanischen und verschiedenen germanischen Anteilen gemischt war. Sowohl der immer noch einflußreiche senatorische Adel des ehemaligen Gallien als auch die germanischen Adeligen (und hier nicht nur die Franken, auch die Burgunder, Thüringer, Alemannen usw.) bildeten die neben den Königen bestimmende Oberschicht des Reiches. Die Könige befleißigten sich durchaus imperialen Anspruchs. Abgesehen davon, daß die Herrscherfamilie in rasanter Geschwindigkeit bis zur Debilität degenerierte, waren die Königshöfe glänzend, und es kann schon von einer gewissen eigenständigen Kunstentfaltung gesprochen werden. Eine einheitliche Sprache gab es natürlich nicht. Die Amtssprache war die der Kirche: Latein, das bald in den fränkisch-germanischen Dialekt und in die anderen germanischen Dialekte links des Rheins einzudringen begann. Scharfe Sprachgrenzen sind heute nicht mehr feststellbar, hat es wohl nie gegeben. Da die fränkische Oberschicht katholisch war, wurde der Arianismus völlig zurückgedrängt, der durch den Untergang des Ostgotenreiches überhaupt seine mächtigste Stütze verlor. Im rechtsrheinischen Reichsteil hatte der Vielvölkerstaat »Francia« noch eine große Heiden-Minderheit. Deren Christianisierung freilich wurde heftig und mit blutigsten Mitteln betrieben.

Mit der Degeneration der Könige ging der Aufstieg einer eigentlich aus dem Unfreien stammenden Institution einher: des Hausmeiers oder Majordomus. Zunächst nur eine Art

Oberknechte, stiegen die Hausmeier um 600 zu königlichen Ministern auf, die, je nachdem ob der König schwach oder stark war, mehr oder weniger die eigentliche Macht ausübten und selbstverständlich die Feldmarschälle waren. Eine der Hausmeierfamilien ist bemerkenswert, und man wird sich ihren Namen merken müssen: die sogenannten Arnulfinger. Der erste, Arnulf, war der Enkel einer merowingischen Königstochter, Majordomus, Diplomat, Königsvormund, Feldherr und zudem noch Bischof von Metz und seit dem achten Jahrhundert bereits als Heiliger der katholischen Kirche verehrt. Er war einer der mächtigsten Herren im Reich, und er vererbte diese Macht sogar: sein Sohn Chlodulph wurde wie er Bischof von Metz, sein anderer Sohn Ansegisel Majordomus. Dessen Sohn Pippin, genannt »der Mittlere« oder »von Heristal«, gelang es 667 unter faktischer Beiseitedrückung der nur noch nominell regierenden Merowingerkönige (es waren Chlodar III., Childerich II. und Theoderich III.), die Macht im ganzen Frankenreich in seiner Hand zu vereinigen. Sein Sohn Karl, genannt »Martell« (der Hammer), war der Retter des Frankenreiches vor dem ersten Anbranden des Islam, sein Enkel Pippin, genannt »der Kurze«, erbte 741 das Hausmeieramt und hielt 751 den letzten Merowingerkönig Childerich III. für überflüssig, ließ ihn scheren (also die unabdingbaren roten Haare abschneiden) und in ein Kloster stecken.

Es war dies nicht der erste Versuch eines Majordomus, den Schattenkönig abzusetzen, aber der erste gelungene. Schon ein Hausmeier Grimvald hatte es im siebten Jahrhundert versucht und dann wieder Pippins Vater Karl Martell 737. Beide waren an der legitimistischen Opposition des Adels gescheitert. Pippin stellte es schlauer an, wenngleich sein Verfahren verhängnisvolle Spätfolgen zeitigen sollte. Pippin ließ beim Papst in Rom (wohlgemerkt: nicht beim Kaiser in Byzanz, der ihm offenbar nicht mehr als berücksichtigenswerte Instanz vorkam) scheinheilig nachfragen, was wohl der göttliche Wille sei: ob ein König ohne Macht dahinvegetiere oder ob derjenige, der die Macht ausübe, sich König nennen solle. Man kann sich an den fünf Fingern abzählen, was der Papst – er hieß Zacharias – antwortete. Die katholische Kirche hielt es immer mit den im Augenblick Mächtigen (setzte damit allerdings manchmal, wie Pius XII., aufs falsche Pferd – hier nicht). Papst Zacharias verfügte kraft apostolischer Autorität, daß Pippin König sein solle. Das genügte Pippin noch nicht ganz, um die volle Legitimität zu wahren. Er rief die Großen des Reiches zusammen (Bischöfe und Edle) und ließ sich zusätzlich zum König wählen (751). Bischof Bonifatius (der Apostel der Deutschen, später von den Friesen erschlagen) salbte den neuen König in Soissons, später – 754 – kam sogar Papst Stephan II. persönlich nach Frankreich und salbte Pippin nochmals in St. Denis. Diese Salbung galt ausdrücklich als Sakrament der göttlichen Gnade für Pippin sowie für seine Nachkommen: »König von Gottes Gnaden.« Eine Wahl oder Bestätigung vom Volk war von da an entbehrlich, und – das sollte das Verhängnisvolle sein – es war in Zukunft der Papst, der entschied, wer dieser Königsgnade teilhaftig sei und wer nicht.

Mit Pippins Sohn Karl folgte dann (768) der erste Germane in der Gnade Gottes, der es wagte, auch den Titel und das Erbe des (west-)römischen Kaiserreiches anzutreten.

Zweites Kapitel

Im zweiten Kapitel flüchtet ein nervenkranker Kaufmann aus seiner Heimatstadt Mekka nach Medina, was als Hedschra in die Annalen eingeht – der Halbmond reduziert binnen zwanzig Jahren das Byzantinische Reich – das Westgotenreich fällt wie ein Kartenhaus zusammen – die bajuwarischen Agilolfinger arbeiten an der Entstehung des Freistaates, werden jedoch von der Platte geputzt.

Von entscheidender Bedeutung für den Aufstieg des Frankenreiches zur Vorherrschaft im Abendland und damit eine Weichenstellung für die folgende (hier so langsam beginnende) eigentliche deutsche Geschichte war ein Ereignis im fernen Arabien, einem Winkel am Rand der bekannten Welt, von welchem im Westen und auch im byzantinischen Osten niemand Notiz nahm, gar nicht nehmen konnte. Im Sommer 622 flüchtete ein nervenkranker Kaufmann, der von sich behauptete, Visionen zu haben und von Engeln Befehle zu erhalten, und der aus christlichen, jüdischen und anderen Religionselementen ein synkretistisches Glaubensgebäude zusammengebastelt hatte, vor seinen Verfolgern aus seiner Heimatstadt Mekka in das benachbarte Medina. Die Flucht – arabisch Hedschra – gilt als Anfang des islamischen Zeitalters und ist tatsächlich der Beginn eines in der Geschichte wohl beispiellosen Siegeszuges einer Idee. Der Islam ist, gemessen an anderen Religionen, von sozusagen griffiger Primitivität.

Sein rigoroser Monotheismus, seine Rigidität, sein schlichtes Belohnungs- und Bestrafungsdenken, seine skrupellose Verteufelung Andersgläubiger und seine Doktrin, daß auch alle, die nicht an ihn glauben, sich seinem Gesetz, der Scharia, beugen müssen, nicht zuletzt aber die Absegnung des Fanatismus in Glaubensdingen machten den Islam für die Massen anziehend und leicht begreiflich. Dabei muß gerechterweise eingeräumt werden, daß der Islam trotz – oder wegen? – seines strikten Bilderverbots unvergleichliche Blüten der Kunst hervorgebracht hat, daß islamische Dichter und Philosophen hohe und schöne Werke schufen, daß die islamischen Gelehrten der Welt die Werke der Antike bewahrten, und daß die Mathematik ihre heutige Existenz eigentlich den mohammedanischen Arabern verdankt. Der Zivilisationsstand und die Kultur der arabischen Völker übertraf die des zeitgenössischen Abendlandes bei weitem. Ob dies wegen oder trotz des Islam so war, vermag ich nicht zu entscheiden.

Jedenfalls erwies sich die neue Religion als äußerst schlagkräftig. Es scheint mir sicher, daß es Mohammed dabei nicht in erster Linie auf religiöse Bekehrung ankam, sondern vielmehr auf Macht und auf Ausbreitung seiner Macht. (Nicht anders als den christlichen Ober-Priestern.) Stellten sich ihm Argumente entgegen, zog er sich in seine Höhlen zurück und kam bald mit geeigneten Visionen und neuen Engelsbefehlen zurück. Bei Mohammeds Tod 632 umfaßte sein politischer Einflußbereich das Kernland Arabiens, seinem Nachfolger (Kalif) Abu-Bekr, obwohl nur zwei Jahre regierend, gelang es, die Herrschaft nahezu auf die ganze arabische Halbinsel auszudehnen. Unter den nächsten Kalifen Omar und Othman überrannten die islamischen Heere ganz Syrien und Ägypten, 635 fiel Damaskus, 638 Jerusalem in die Hände des Kalifen. Der »Halbmond« hatte binnen weniger als zwanzig Jahren das Byzantinische Reich auf die

Hälfte reduziert. Von da an war die Geschichte Ostroms im Grunde nur noch ein Abwehrkampf gegen den Islam, den es 1453 verlor. Daß dies Auswirkungen auf Westeuropa hatte, ist klar. Die später folgende mohammedanische Kalifendynastie der Omaijaden dehnte dann das Reich im Osten bis zum Indus und nach Innerasien aus sowie in Nordafrika bis an den Atlantik. Es war nur noch eine Frage der Zeit, daß die Araber über die Straße von Gibraltar setzten: am 26. Juli 711 vernichtete das Heer des Kalifen Welid I. – eines kunstsinnigen und fast freigeistigen Mannes und tüchtigen Regenten – das Westgotenheer König Roderichs (= Rodrigos) bei Jerez de la Frontera, worauf das ganze Westgotenreich wie ein Kartenhaus zusammenfiel. Bis auf einen ganz geringen Rest im Norden, jenseits des Ebro, geriet alles unter islamische Herrschaft. Es sei, trotz aller Vorbehalte gegen den Islam, ausdrücklich vermerkt, daß die sieben Jahrhunderte des Emirats Córdoba (seit 756) die kulturelle Glanzzeit der spanischen Halbinsel waren, von welchem Glanz die unvergleichliche Alhambra in Granada und die Gärten des Generalife heute noch zeugen, und deren maurische Erinnerung ahnungsweise in den fernen, dunklen Gesängen des cante jondo fortlebt.

Nach der Vernichtung des Westgotenreiches hatten die Franken keinen ernsthaften Rivalen mehr um die Vorherrschaft in Westeuropa. Die germanischen Stämme, die in England siedelten, wiesen zwar schon staatliche Strukturen auf, waren aber in häufig rivalisierende Kleinkönigreiche (Kent, Essex, Eastanglia, Mercia usw.) zersplittert und ohne überlokale Bedeutung. Die wilden blonden Heiden in Skandinavien, Dänemark und jenseits der Elbe – dies hauptsächlich die Sachsen, die noch beachtliche Schwierigkeiten bis zu ihrer Domestizierung bereiten sollten – waren Hinterwäldler noch ohne welthistorische Struktur, das Langobardenreich in

Italien war zwar, gemessen an der Zeit, zivilisiert und durch die Aneignung dessen, was die Römer hinterlassen hatten, auch kultiviert, aber ihr Reich war in miteinander zerstrittene Teilfürstentümer zerspalten und im Ganzen zu klein, um dem großen Frankenreich gefährlich zu werden. Zwei Stämme waren innerhalb dieses Reiches – nach der Nivellierung der Burgunder – übriggeblieben, die eine gewisse Selbständigkeit bewahrten und gelegentlich aufmuckten: die Alemannen und die Bajuwaren.

Die Alamannen (oder Alemannen), die, wie oben schon nebenbei bemerkt, die seßhaftesten Germanen im Strudel der Völkerwanderung waren (kein einheitlicher Stammesverband, sondern ursprünglich ein Heerhaufen von unterschiedlicher Herkunft), bildeten eine Zeitlang fast so etwas wie einen Staat im Staat der Franken, mußten sich aber nach Erstarkung der fränkischen Zentralgewalt unter den Hausmeiern Pippin und Karl Martell auf dem »Gerichtstag von Cannstadt« 746 unterwerfen. Das bis dahin existierende alamannische Herzogtum verschwand.

Etwas länger hielten sich die bayrischen Herzöge. Auch die Bayern – Bajuwaren, Baio-varii – waren ein Mischvolk, zum Teil mit nicht-germanischen (romanischen, keltischen?) Elementen; sie sickerten zu Zeiten Theoderichs des Großen mit dessen Billigung in die ehemaligen Provinzen Noricum und Raetien ein, wo sie bald einen relativ geschlossenen Siedlungsverband bildeten, der von der Donau bis an den Gardasee reichte. Das Zentrum lag im Norden des Gebietes, der Kristallisationspunkt des Stammes wohl in Regensburg, das sich daher mit Recht die erste bayrische Stadt nennen kann. (Auch die Namensgebung des Stammes ging vielleicht von dort aus. Dort siedelten die Boiovarii, Bajuvarii = die Männer aus dem Lande Baia, womit möglicherweise Böhmen gemeint war.)

Die Bayern waren im sechsten Jahrhundert – wie auch im Kern heute noch – heidnisch, nur die Herzöge aus dem Geschlecht der Agilolfinger waren christlich und von vornherein nicht arianisch, sondern katholisch. Ob die Agilolfinger selbst auch bajuwarisch waren, ist umstritten. Möglicherweise waren sie Franken. (Bis heute jammern die Bayern, daß sie weitgehend von Franken regiert werden.) Jedenfalls waren die Agilolfinger, eine überaus edle Familie und mit verschiedenen Königshäusern versippt und verschwägert, von den Merowingerkönigen in ihr Amt eingesetzt, was sie nicht hinderte, sehr bald dort am Hof unangenehm aufzufallen.

Die christkatholischen Agilolfinger förderten die Christianisierung des Landes kräftig, ja nachdrücklich. Sie riefen angelsächsische, irische und besonders fränkische Missionare ins Land, die es mit einem Netz von Klöstern überzogen. Jedes Kloster war ein Stützpunkt auch der herzoglichen Herrschaft. Es ist zu vermuten, daß es den Herzögen hauptsächlich darauf ankam. Altberühmte Bischofssitze und Klöster verdanken dem ihre Entstehung: Salzburg, Freising, Tegernsee, Mondsee, Kremsmünster und viele andere, allen voran, wie gesagt, Regensburg.

Die Zeit schwacher merowingischer Regenten nutzten die Agilolfinger, um so etwas wie eine, wenngleich nach außen hin fränkisch-reichstreue, eigene Politik der rechtsrheinischen Reichsteile zu betreiben. Herzog Theodo war der Kopf dieser Politik. Es bestanden enge verwandtschaftliche Bindungen zum langobardischen Königshaus, die bayrische Kirchenpolitik wurde streng nach Rom ausgerichtet (auch das bis heute), und politische Zweckfreundschaften mit den alamannischen und thüringischen Fürsten wurden geschlossen. Theodos Machtposition leitete sich zudem nicht zuletzt davon ab, daß er alle Alpenpässe kontrollierte. Theodo, der im übrigen der erste bayrische Fürst war, der nachweislich nach

Rom pilgerte (715), teilte wie ein merowingischer König seine Herrschaft unter seinen drei Söhnen auf. Der wohl älteste, Theodebert, residierte seit 702 in Salzburg. Aber bald nach des alten Theodo Tod (718 oder 719) brach Zwist unter den Brüdern aus, was der inzwischen gekräftigten Zentralgewalt unter dem Hausmeier Karl Martell Gelegenheit gab, in Bayern einzufallen und Remedur zu schaffen (725). Er tilgte den Teil-Herzog Hugbert samt Familie aus, verfuhr aber sonst nach dem Grundsatz von Zuckerbrot und Peitsche: er vermählte sich mit der Agilolfingerprinzessin Swanahild (die damit die spätere Großmutter Karls des Großen wurde) und ließ die agilolfingische Macht im Großen und Ganzen unangetastet.

Der nächste Herzog, Odilo, wohl aus einer alamannischen Seitenlinie der Agilolfinger stammend, versuchte Theodos eigenständige Politik fortzusetzen, scheiterte aber letzten Endes (obwohl Schwiegersohn Karl Martells) an der nun unaufhaltsam aufsteigenden Zentralmacht der Hausmeier, mußte sich nach einer Niederlage (743) mit der Südhälfte seines Herzogtums begnügen und seine Sonderpolitik beenden. Sein Sohn Tassilo III. wurde knapp fünfzig Jahre später jedoch restlos von der Platte geputzt, und mit der bayrischen Eigenständigkeit war es vorerst vorbei, aber das ist ein anderes, nämlich das nächste Kapitel.

Anzufügen ist, daß die bayrischen Herzöge schon bald nach dem Niedergang des Ostgotenreiches begannen, ihren Herrschaftsbereich über die Donau und sogar über den Main nach Norden auszudehnen. Auf diese Teile seines Landes mußte Herzog Odilo verzichten. Sie wurden direkt der fränkischen Zentralregierung unterstellt, weshalb das später hier entstehende Herzogtum das fränkische genannt wurde und das Land am Main heute noch Franken heißt.

Drittes Kapitel

Im dritten Kapitel ergreift endlich ein Barbar die Kaiserkrone – Rom wird verschenkt – das heilige Sakrament der Ehe erfährt eine machtpolitische Deformation – Tassilo wird zunächst beim Schopf und dann in klösterliche Obhut gepackt – fünfzehn vierspännige Ochsenwagen transportieren einen Schatz – die Keimzelle des späteren Österreich wird errichtet – ein lebender Elefant besucht Aachen – Karl unterwirft die wilden räuberischen Sachsen – Friesen schlucken ungebratene Hühner – die Weichen für eine kultivierte Zivilisation in Europa werden gestellt – als Weihnachtsüberraschung erhält Karl die Kaiserkrone.

Um das Jahr 1170 verfaßte der sogenannte Pfaffe Konrad von Regensburg eine halb geistlich-erbauliche, halb historiographisch-legendenhafte Versdichtung (auf französische Vorbilder zurückgehend), das ›Rolandslied‹. Darin wird Karl der Große als ein von Gott eingesetzter und der Welt als Befreier von Not und Gefahr gesandter Herrscher geschildert, als das Idealbild des Herrschers überhaupt. Das Epos wurde im Auftrag Herzog Heinrichs des Löwen geschrieben, der – mit Recht – behauptete, von Karl dem Großen abzustammen und das Werk als Propaganda für seine, die welfische Sache verbreitete. Aber auch die Staufer behaupteten – auch mit Recht –, von Karl abzustammen, und sie ließen 1165 den alten Kaiser (dessen Lebenswandel alles andere als fromm war) aus politischen Gründen heiligsprechen.

Beide Propaganda-Manifestationen beruhten auf Legenden und Klitterungen, enthalten freilich gewisse Körner an historischer Wahrheit und beweisen vor allem doch das Herrscherbild, das das Mittelalter hindurch galt und das Karl selbst wohl schon für sich in Anspruch nahm. Daß Karl der Große der erste »Germane« und – nach damals freilich schon obsolet gewordener Terminologie – Barbar war, der es wagte, sich die Kaiserkrone anzueignen, ist von großer historischer Bedeutung; von größerer Bedeutung aber erscheint mir, daß er wohl der erste germanische Fürst war, der ein imperiales Ziel, eine übernationale Reichsidee, vor Augen hatte und sie, wenn auch nur für seine Lebenszeit und eine Weltsekunde danach, verwirklichte. Ohne Zweifel ist Karl eine jener Figuren, die nicht nur ihre Welt veränderten, sondern auch den künftigen Gang der Geschichte so oder so entscheidend beeinflußten.

Ob je ein mit dem Epitheton ornans »– der Große« ausge- und bezeichnete Potentat das verdient, stelle ich dahin. Ich glaube es nicht, vor allem nicht bei Karl »dem Großen«, einem, wie wir sehen werden, machtgierigen, frömmelnden, verlogenen und menschenverachtenden Herrscher. Ich behalte das Epitheton dennoch bei, nicht nur als relativ griffiges Unterscheidungsmerkmal, sondern weil ich diese »Größe« anders definiere. Er war ein *großer* Brocken im Fluß der Geschichte, und auch das Böse und Schlechte ist ja – nicht selten – groß.

*

Karl, geboren 747, war der ältere der beiden Söhne des damaligen Hausmeiers Pippin, genannt »der Kurze«, der sich bald danach, wie erwähnt, unter Absetzung des letzten legitimen Merowingers zum König der Franken aufschwang. Wie er dabei vorging, und daß der Papst dabei politisch-moralische Hilfestellung leistete, wurde oben geschildert. Nicht erwähnt wurde dort, und bei Betrachtung des Charakters des römischen Papsttums eigentlich nicht erwähnt zu werden brauchte, daß der Papst das nicht umsonst tat.

Der langobardische König Aistulf hatte 751 die letzten Reste der byzantinischen Herrschaft in Ober- und Mittelitalien beseitigt und Ravenna, die Hauptstadt des Exarchats, erobert. Er schickte sich an, den Dukat von Rom – de jure byzantinisch – anzugreifen. Das bedrängte den Papst, der längst die weltliche Herrschaft über das »Patrimonium Petri« beanspruchte. Es ist nicht unwahrscheinlich, wenngleich in der Literatur umstritten, daß damals schon die Curie jenes Dokument fälschen ließ, dessen älteste Abschrift (um 850) in den pseudoisidorischen Dekretalen auftaucht: die »Konstantinische Schenkung«. (NB! Nur die Zeit der Fälschung ist unklar, daß es sich um eine Fälschung handelt, gibt heute selbst die Curie zu.) In dieser »Schenkung« ist niedergelegt, daß – grob gesprochen – der Kaiser dem Papst die Stadt Rom schenkt.

Als Dank für die Beihilfe zur Königssalbung überzog also Pippin den Langobardenkönig mit Krieg, besiegte ihn zweimal (754 und 756) und zwang ihn, die eroberten Gebiete dem Papst zu »schenken«, unter anderem die Stadt Ravenna. Als »Patricius Romanus«, zu dem der Papst Pippin ernannte, verpflichtete sich der fränkische König zudem, dem heiligen Petrus stets beizustehen und die Rechte des Papstes auf die weltliche Herrschaft zu schützen. Man sprach seitdem von einer »Pippinischen Schenkung«; etwas ungenau, denn in den Augen der Curie war das nur eine Bestätigung alten Rechtes aus der »Konstantinischen Schenkung«. Das alles sollte den späteren deutschen Herrschern noch viel Kopfzerbrechen bereiten – und mehr noch.

*

Die langobardische Gefahr oder das, was der Papst dafür hielt, war noch nicht vorüber, als Karl und sein jüngerer Bruder Karlmann – beide bereits 754 vom Papst zu »Königen« gesalbt und zu »Patricii Romani« ernannt – 768 nach dem Tod ihres Vaters die Nachfolge im Frankenreich antraten. Der alte Pippin hatte, nach gut (oder schlecht) merowingischer Tradition, die Teilung des Reiches verfügt. Karl erhielt den größeren westlichen, Karlmann den weit kleineren östlichen Teil. Der seltsame Name Karlmann war in der Familie gebräuchlich; er ist eine Tautologie, denn Karl heißt nichts anderes als Kerl und damit »Mann«, Karlmann also: »Mannmann«. Das half dem jungen Karlmann gegen den bloßen Karl jedoch nichts, denn schon drei Jahre später starb Karlmann ganz plötzlich (woran vielleicht Karl nicht ganz unbeteiligt war), und Karl wischte die legitimen Ansprüche der beiden Söhne Karlmanns einfach weg und vereinigte Karlmanns Anteil mit dem seinen.

Da nun Karlmanns Witwe zum Langobardenkönig Desiderius floh und um Hilfe flehte, sah sich Karl veranlaßt – obwohl Desiderius keine Miene machte, die Hilfe zu gewähren –, in Italien reinen Tisch zu machen und das störende Langobardenreich zu beseitigen. Das war deshalb besonders hinterhältig, weil Karls (damalige) Gemahlin Bertrada eine Tochter Desiderius' war. Karl schickte also formlos Bertrada zu ihrem Vater zurück und betrachtete die Ehe als erledigt. Der Papst – es war Hadrian I. – war nicht nur einverstanden, sondern hochbefriedigt über die Entzweiung zwischen Frankenkönig und Langobardenkönig, der (772 und 773) schon zum Marsch auf Rom angesetzt hatte. Das von der katholischen Kirche immer so hoch gepriesene und als schützenswert geachtete heilige Sakrament der Ehe spielte also keine Rolle, wo es um die politische Opportunität ging.

Karl brach mit seinem Heer in Italien ein, eroberte Desiderius' Hauptstadt Pavia, erklärte diesen für abgesetzt und sich selbst für den erblichen König der Langobarden. Das »Patrimonium Petri« tastete Karl (aus Aberglauben?) nicht an, wohl aber zwang er später (787) den südlich des den italienischen Stiefel querenden Papstterritoriums herrschenden (selbständigen) Langobardenherzog von Benevent zur Anerkennung fränkischer Oberhoheit. Damit war, mit Ausnahme des »Patrimonium Petri« und einiger spärlicher byzantinischer Reste in Calabrien, Apulien und Sizilien, ganz Italien karolingisch.

Desiderius und seine Frau wurden nach Frankreich deportiert und – so human war Karl manchmal – nicht umgebracht, sondern lebenslänglich in einem Kloster eingesperrt. Desiderius' einzigem Sohn gelang es, nach Byzanz zu entfliehen. Was aus ihm und was aus Karlmanns Familie wurde, ist nicht überliefert. Die langobardischen Großen scheinen sich bald mit der Herrschaft der Franken abgefunden und arrangiert zu haben, nur einige flohen zu den Avaren (im heutigen Ungarn), zu welchem wilden, hunnenähnlichen Volk freundschaftliche Beziehungen bestanden.

*

Karl sah seine imperiale Aufgabe offenbar nicht so sehr darin, sein ohnedies großes Reich noch zu expandieren, nachdem ihm die Abrundung durch Italien gelungen war, sondern den Bestand innen und außen zu sichern. In der Tat drohten mehr oder minder ernsthafte Gefahren von allen Seiten. In Pannonien, dem heutigen Ungarn, hatten sich im sechsten Jahrhundert die Avaren festgesetzt, ein Volk ungeklärter, vielleicht mongolischer Herkunft. Sie lebten in »Ringen«, d.h. ringförmig befestigten Lagern, gehorchten

»Kaganen« (Khanen) und einem Ober-Kagan und beschäftigten und ernährten sich mit und von Raubzügen in die nähere und fernere Umgebung. Gelegentlich traten sie in den Dienst fremder Herrscher, gelegentlich schlossen sie Bündnisse, etwa mit den Langobarden, dann auch mit dem Bayernherzog Tassilo III. Alles in allem waren sie hauptsächlich lästig.

Herzog Tassilo III., ein Vetter Karls des Großen (seine Mutter Hiltrud war eine Schwester von Karls Vater Pippin), versuchte mit einigem Erfolg, nach den Rückschlägen für die bayrische Selbständigkeit in den sechziger und siebziger Jahren des achten Jahrhunderts eine eigene Politik zu machen, wieder, wie schon seine Vorgänger, mit Hilfe der Kirche. Er gründete viele Klöster und damit Stützpunkte, die er nach Osten und Südosten vorschob (Kremsmünster, Innichen). Die zum Teil noch heidnischen Karantanen (ein slawisches Volk mit keltisch-römischen Einsprengseln) wurden – wechselhafte Kämpfe waren vorangegangen – 772 von Tassilo endgültig besiegt und als eigenes Herzogtum Kärnten in den bayrischen Herrschaftsbereich eingegliedert.

Tassilo verband sich auch mit den Langobarden, indem er Liutpirga, eine andere Tochter König Desiderius', heiratete. Das alles waren Dornen im Auge Karls des Großen.

Der erste Schlag für Tassilo war die Annäherung des Frankenkönigs an den Papst. Der ließ – wie in der katholischen Kirche üblich – sofort den alten Freund zugunsten des mächtigeren fallen. Der Untergang des Langobardenreiches entblößte Tassilo von jedem auswärtigen Schutz. Ob die obenerwähnte Allianz mit den Avaren tatsächlich bestand oder ob das nur eine Verleumdung von fränkischer Seite war, ist nicht sicher. Unwahrscheinlich erscheint es mir nicht, daß sich Tassilo in höchster Not an so einen Verbündeten wandte. Karl handelte schnell. 787 zitierte er Tassilo auf den Reichstag zu Worms. Tassilo kam nicht. Karl marschierte in Bayern ein, faßte Tassilo am Schopf und ließ ihn unterwürfig den Vasalleneid schwören. Dafür durfte Tassilo – noch – Bayern als fränkisches Lehen behalten. Das Jahr drauf lud Karl den Herzog auf den Reichstag zu Ingelheim. Tassilo wurde angeklagt, seinen Vasalleneid gebrochen und – durch sein Paktieren mit den Avaren – Hochverrat begangen zu haben. Er wurde zum Tod verurteilt, von Karl aber begnadigt, geschoren und zu lebenslanger Klosterhaft verurteilt. 794 mußte er ausdrücklich für sich und seine Familie auf alle herzoglichen Rechte in Bayern verzichten. Das Herzogtum Bayern hörte für über hundert Jahre auf zu bestehen. Es wurde in Grafschaften aufgegliedert, die fränkische Sendgrafen verwalteten.

*

Karl hatte nun freie Hand gegen die Avaren. Er unternahm 792 unter seinem eigenen Befehl einen Feldzug die Donau abwärts, der fehlschlug, weil die Avaren einer Feldschlacht auswichen und in der Weite der Pußta nicht zu fassen waren. 795/96 führte ein karolingischer General, Markgraf Erich von Friaul (unter dem wohl eher nur nominellen Oberbefehl des ältesten Sohnes des Königs, des gerade zwanzigjährigen Prinzen Pippin), einen zweiten, besser vorbereiteten Feldzug, dem ein voller Erfolg beschieden war. Die Franken eroberten den zentralen »Ring« der Avaren und zerschlugen den Avarenstaat. Im zentralen »Ring« fiel den Franken der sagenhafte Avarenschatz in die Hände. Nach zeitgenössischen Berichten waren fünfzehn vierspännige Ochsenwagen notwendig, um die Beute nach Aachen, Karls neue Residenz, zu schleppen, wo eine eigene Schatzkammer errichtet wurde. Der Schatz bestand aus dem Diebesgut, das die Avaren aufgehäuft hatten, und aus gemünztem Gold aus den vielen Zinserpressungen namentlich gegenüber Byzanz. Konkrete Einzelheiten über die Zusammensetzung gibt es nicht. Aus Berichten (z. B. Einhards Karls-Vita) geht hervor, daß der Schatz auch kostbare Waffen, Gürtel, Geschirr und Seidenstoffe enthielt.

Zum ferneren Schutz gegen die Avaren – deren Land nicht ins Frankenreich eingegliedert wurde, wohl weil dem kühl rechnenden Karl das Preis-Leistungs-Verhältnis zu ungünstig schien und weil er, wie gesagt, überhaupt auf unbedingten Landgewinn nicht aus war – errichtete Karl eine seiner Ostmarken, die Keimzelle des späteren Österreich.

Karls Aktivitäten in Italien und im Südosten überlagerte sein Kampf gegen die Mauren genannten Araber an der Südwestgrenze des Reiches. Der Großvater Karl Martell hatte die Omaijaden-Horden bei Tours und Poitiers zurückgeschlagen, die zwar keinen weiteren ernsthaften Versuch machten, nochmals über die Pyrenäen vorzudringen, wohl aber das christliche Rest-Spanien (also das Überbleibsel des Westgotenreiches in Asturien und Katalonien) bedrängten. Karl wurde von den (christlichen) Königen dort zu Hilfe gerufen, und 778 setzte er ein Heer in Bewegung, das aber die Araber nicht schlagen konnte. Auf dem Rückweg kam es sogar zu der Katastrophe von Roncevalles. Der Markgraf Hruodland (der Roland der späteren Sage) wurde von im arabischen Sold stehenden christlichen (NB!) Basken überfallen und mit seinen Truppen aufgerieben.

Auch hier bereitete nun Karl die weiteren Schritte sorgfältiger vor. Es kam zu keinem eigentlichen Krieg mit den spanischen Arabern, aber Karl gelang es in Anwendung einer geschickten Salamitaktik, die Grenzen der neu errichteten Spanischen Mark Stück für Stück vorzuschieben. 801 war (und blieb vorerst) der Ebro die christliche Grenze. 812 war die ganze Mark gefestigt.

Die Omaijaden hatten sympathischerweise offenbar kein Interesse an einem Konflikt mit den Franken wegen jenes – im Vergleich zum blühenden Andalusien – eher öden Landstriches, und es kam zu gewissen gutnachbarlichen Beziehungen zu den Arabern, die im Austausch von Gesandtschaften zwischen Karl und dem Kalifen Harun-al-Rashid gipfelten. 802 zog als Geschenk des Kalifen ein lebender Elefant in Aachen ein, ein wohl bedauernswertes Tier.

*

So berühmt wie berüchtigt sind Karls Sachsenkriege, in denen er sich so grausam zeigte, daß ihm mit Recht der Beiname »Sachsenschlächter« blieb. Die Kriege dauerten alles in allem über dreißig Jahre und endeten mit der Unterwerfung und »Christianisierung« der heidnischen Sachsen.

Die »Christianisierung« mit Gewalt, wie seit spätantiker Zeit praktiziert, abgesegnet vor allem von der Ideologie des »gerechten Krieges« des Schreibtischtäters St. Augustinus, ist eines der ungeheuerlichsten Auswüchse der menschlichen Infamie.

Da es keine objektiv gesicherte religiöse oder metaphysische Wahrheit gibt und ihrem Wesen nach auch gar nicht geben kann, ist schon die sanfte Form aller Bekehrungsversuche, die Predigt also, Missionierung usw. im Grunde eine Unverfrorenheit, umso mehr die »Bekehrung« mit Gewalt und Terror. Dem Christentum war es vorbehalten, diese Infamie, nämlich andere »zu ihrem Glück zu zwingen«, erstmals zu praktizieren. Der Islam und viel später der Marxismus-Leninismus (der ja auch eigentlich eine Religion war) haben es nachgeahmt. Dabei ist zu bedenken, daß es nicht das »Christentum« war, das solche blut- und machtgierige Besserwisserei bis zum blutigen Exzeß ausübte, sondern daß es Menschen waren, Mächtige, Päpste, Kaiser, »Theologen«, Heilige und Missionare mit und ohne Schwert, die sich *zu Unrecht* als Christen bezeichneten (und noch heute bezeichnen). Wirkliche Christen hat es damals schon seit Jahrhunderten nicht mehr gegeben, jedenfalls nicht unter den Mächtigen.

Karls Hauptgegner war der westfälische Häuptling Widukind (oder Wittekind), dessen Name allerdings erst auftaucht, nachdem Karl 775 seine erste stark bewaffnete Missionierungsfahrt ins Innere des bis dahin freien Sachsenlandes zwischen Niederrhein und Elbe und den Grenzen Dänemarks ausgeführte hatte. Ganz unberechtigt war der Zorn Karls nicht: die Sachsen, ein ziemlich geschlossener, schon von Claudius Ptolemäus im Altertum erwähnter Germanenstamm, hatten jahrhundertelang in räuberischen Grenzsticheleien die Franken belästigt.

Zunächst schien es 775, als habe Karl mit den Sachsen relativ leichtes Spiel. Den Sachsen, die im Übrigen über keine Zentralgewalt verfügten und die von einer kleinen Adelsschicht beherrscht wurden, wurden zunächst mit einigen Hieben auf den Kopf die ethische Überlegenheit des Christentums und die Vorzüge der Frankenherrschaft nahegebracht. Sie lernten schnell, vor allem die Angehörigen der adeligen Oberschicht, die von Karl mit Ämtern in der neuen Grafschaftsverfassung belohnt wurden.

Da stand Widukind auf, eher ein Volksheld als ein Fürst. 778 kam es zum offenen Aufstand, der sich nicht nur gegen die Franken, sondern auch gegen die frankenhörige sächsische Oberschicht richtete. In der Schlacht am sogenannten »Süntel« schlug Widukind 782 ein fränkisches Heer vernichtend. Zwei der drei Generäle, vier Grafen, zwanzig Edle mit komplettem Gefolge fielen, nicht gerechnet – wie üblich – die Frontschweine. Die Geschichte ist der Schlacht im Teutoburger Wald in vielen Zügen nicht unähnlich; auch deshalb nicht, weil man hier so wenig wie dort den Ort des Geschehens genau lokalisieren kann. Karl tobte. Er ließ in Verden an der Aller alle Sachsen abschlachten, die früher als Gefangene in seine Hand gefallen waren. Das verschärfte den Konflikt. Widukind heuerte die noch wilderen Friesen an, gelbäugige Massenmörder, die ungebratene Hühner schluckten. Karl antwortete mit reinem Terror der verbrannten Erde und brachte es soweit, daß Widukind aufgab. Nun war auch er von der Richtigkeit der katholischen Lehre überzeugt und ließ sich taufen. Karl reagierte mild und ließ Widukind am Leben. Man sieht, daß er mit Recht von der Kirche als Heiliger verehrt wird.

*

Es wäre dennoch ungerecht, Karl den Großen nur als Kriegsmann und Sachsenschlächter darzustellen. Er war bestrebt, und zwar mit Erfolg, sein nach damaligen Verhältnissen nicht anders als riesig zu nennendes Reich im Inneren zu festigen. Er vereinheitlichte in einer Art von Gebietsreform die innere Verwaltung durch die Grafschaftsverfassung. Die (grundsätzlich nicht erblichen) Grafschaften waren relativ kleine, überschaubare Verwaltungseinheiten, denen vom König ernannte, vertrauenswürdige Grafen vorstanden, die überdies durch ein ausgeklügeltes System von bevollmächtigten Inspekteuren, den »Königsboten«, kontrolliert wurden.

Karl vereinheitlichte durch seine »Kapitularien« das geltende Recht und die Rechtspflege, am wichtigsten war rückblickend (und sicher auch für ihn selbst) jedoch seine bewußt und großangelegte Bildungsreform. Er versammelte die Blüte der Gelehrsamkeit an seinem Hof, förderte die Pflege der Kunst und der Wissenschaft in einem Maß, daß man mit gewissem Recht von einer »karolingischen Renaissance« spricht, da er nicht nur das Studium der Kirchenväter etc., sondern auch das der heidnischen antiken Literatur anregte, daneben sogar – fast eine Kühnheit – das der germanischen Brauchtümer und Heldenlieder. Daß Karl mit all dem die Weichen dafür stellte, daß in Europa eine kultivierte Zivilisation möglich wurde, ist unbestritten. Wenn die deutsche Geschichte der folgenden Jahrhunderte nicht die von Hinterwäldlern ist, so ist das doch auch sein Verdienst.

*

Die letzten Regierungsjahre Karls waren ruhiger, wenngleich auch nicht frei von gelegentlichen Kriegen. Aber alles in allem scheint er der Sachsen- und anderer Schlächterei etwas überdrüssig geworden zu sein. Er suchte andere Unterhaltung, die er unter anderem in seinem Harem fand. *Ein* Ereignis ragte heraus: die Kaiserkrönung am Weihnachtstag 800. Obwohl dieser säkulare Akt Karls imperialem Anspruch durchaus entsprach, war es eher ein Zufall.

Leo III., der recht seltene Fall eines nicht ganz abscheulichen Papstes jener Zeit, war in Rom in Schwierigkeiten geraten. Die näheren Umstände kennen wir nicht, weil die einschlägigen Quellen verlorengegangen sind. Gregorovius, der in seiner nicht genug zu lobenden ›Geschichte der Stadt Rom im Mittelalter‹ die Umstände anschaulich schildert (auch die nachfolgende Kaiserkrönung), vermutet mit gutem Grund, daß es sich um Unmutsäußerungen des stadt-römischen Adels gegen die weltliche Herrschaft eines Priesters gehandelt hat. Sollte noch ein Rest heidnischen Stolzes in Rom lebendig geblieben sein?

Die Mittel waren allerdings grob: der Papst wurde während einer Prozession mißhandelt, für abgesetzt erklärt und eingesperrt (799). Auffallend ist, und dies ein Indiz für die

Richtigkeit von Gregorovius' These, daß die Römer – wie sonst bei solchen Gelegenheiten – keinen Gegenpapst wählten.

Dem Papst gelang es, zum Kaiser zu fliehen, den er als den Patricius Romanorum um Schutz anflehte. Karl schickte zunächst eine hochrangige Gesandtschaft nach Rom und kam dann Ende des Jahres 800 selbst. Merkwürdig wiederum, daß die aufmüpfigen Adeligen nicht flohen. Offenbar hatten sie kein schlechtes Gewissen.

Karl hielt ein Strafgericht: sowohl über die Insurgenten als auch – wohlgemerkt – über den Papst. Beide Teile unterwarfen sich seinem Gericht. Die Akten des regelrechten Verfahrens, das nun folgte, sind leider verloren. Wir kennen also die gegenseitigen Vorwürfe nur ungenau. Es scheint dem Papst unter anderem angelastet worden zu sein, daß er Ehebruch begangen habe und beim Hinscheiden eines Vorgängers nicht unbeteiligt gewesen sei. Der Papst schwor einen Reinigungseid – ein damals übliches Beweismittel. Daraufhin wurden die drei Anführer der Verschwörung zum Tode verurteilt – allerdings nicht ganz. Karl begnadigte sie, verbannte sie nur aus der Stadt. Der Papst wurde feierlich auf seinen Thron zurückgeführt.

Und am 25. Dezember hatte der dankbare Papst für Karl eine nette Überraschung bereit: die Kaiserkrone. Alkuin, der Biograph Karls, tradiert die Nachricht, daß der fränkische König völlig überrascht von der Ehre gewesen sei. Das dürfte Geschichtsklitterung sein, um Karls fromme Bescheidenheit herauszustreichen. In Wirklichkeit war die Sache wohl vorbereitet. Während der Weihnachtsmesse, der der König in St. Peter beiwohnte, setzte ihm der Papst einen goldenen Reif aufs Haupt. (Karl kniete auf der großen Porphyr-Scheibe, die heute nahe der Mittelpforte der Basilika in den Boden eingelassen ist.) Dann akklamierte das Volk. Der neue Kaiser (und sein ältester Sohn Pippin) wurden gesalbt, der Papst kniete vor dem Kaiser nieder.

Daß die Sache geplant war, zeigt ein verräterischer Lapsus in Einhards Bericht: unverzüglich wurden dann die wertvollen Geschenke des neuen Kaisers an die Apostel Petrus und Paulus hereingetragen. Für Petrus u.a. ein silberner Tisch – der freilich längst den Weg allen Silbers gegangen ist.

*

Die Kaiserkrönung änderte am Machtgefüge Karls und an der Verfassung des Frankenreiches nichts. Der Titel war rein persönlich. Das Frankenreich wurde nicht zu einem Kaiserreich befördert. Karl blieb – vor allem – fränkischer König, so auch seine Nachfolger, strenggenommen bis zu Franz II. (1792–1806). Allenfalls war der Akt der Kaiserkrönung (außer einer Schmeichelei des Papstes für seinen Retter) eine Bestätigung der bestehenden Verhältnisse, nämlich der nahezu unumschränkten Herrschaft Karls über das Abendland.

Die Kaiseridee – die man sich nicht als irgendwie fixiert oder gar verfassungsrechtlich niedergeschrieben denken darf – war eine antike Vorstellung, die vom Papst christlich umgedeutet worden war: der Herr der Welt sollte jetzt der christliche Caesar-Augustus sein. Eigentlich durfte es immer nur Einen Kaiser auf Erden geben, so wie nur Einen Gott im Himmel, doch schon im Altertum hatte Diocletian das Reich geteilt, und unter den christlichen Kaisern der Antike hatte es fast immer einen West- und einen Ostkaiser gegeben, die sozusagen in ihren zwei Personen den Einen Kaiser repräsentierten. (Gott im Himmel warf ja schließlich auch Drei Falten seiner Wesenheit.) Den Ostkaiser gab es in Byzanz – die westliche Hälfte fehlte seit über dreihundert Jahren. (Das heißt: einen byzantinischen Kaiser gab es im Moment gar nicht. Konstantin VI. war von seiner eigenen Mutter, der Mitkaiserin Irene, 797 geblendet worden, was er nicht überlebte. Ein neuer Kaiser schwang sich erst 802 auf.)

Selbstverständlich dachten sowohl Karl als auch der Papst so rechtlich, daß eine Wiedererrichtung des Westkaisertums nicht ohne Einverständnis des Ostkaisers erfolgen durfte. Es wurde deshalb – wieder ein Beweis dafür, daß die Sache von langer Hand geplant war – mit Irene verhandelt, die sogar die Sache befürwortete. Dann ließen Papst und Kaiser jedoch, wohl um nicht dort eine Abhängigkeit des Titels zu riskieren, die von Irene geforderte Akklamation *auch* an sie, die Ostkaiserin, bei der Kaiserkrönung weg. Irene protestierte. In Byzanz betrachtete man Karl nun als Usurpator der Kaiserkrone. Seltsamerweise bekümmerte das Karl. Obwohl die Ostkaiser, schwer bedrängt von Slawen und Muslimen und nur noch über Reste des ehemaligen Reiches gebietend, höchstens verbale Proteste hätten schleudern können, ruhte Karl nicht, bis er endlich ganz knapp vor seinem Tod mit dem neuen byzantinischen Kaiser Leo V., dem Armenier, zum Ausgleich kam. Leo V. anerkannte Karls Kaisertum, Karl verzichtete auf das Beiwort »Römisch«. Er war also nur »Kaiser«. Seine Nachfolger hielten sich jedoch nicht daran. Bald nannten sie sich wieder »Imperatores Romanorum« und »Römische Kaiser«, ohne daß das schwächer werdende Byzanz etwas dagegen unternehmen konnte. Die staatsrechtliche Problematik versickerte.

Viertes Kapitel

Im vierten Kapitel wird die schlechte historische Presse Kaiser Ludwigs des Frommen erklärt – die aus allen Palastzimmern quellenden Betthasen werden im Kloster untergebracht – das Lügenfeld macht seinem Namen alle Ehre – mit der Teilung des Karolingischen Reiches beginnt im engsten Sinn die deutsche Geschichte.

Kaiser Ludwig der Fromme hat in der Geschichtsschreibung keinen guten Ruf, aber, vermute ich, zu Unrecht. Die schlechte historische Presse dieses Kaisers beruht wohl erstens darauf, daß er sich, wie nicht anders zu erwarten, schwertat, in die gewaltigen Stiefel zu schlüpfen, die sein übergroßer Vater hinterlassen hatte, und zweitens auf der wohl historischen Tatsache, daß er gewisse heidnische Schriften, germanische Sagen, die sein Vater hatte sammeln lassen, zu verbrennen befahl. Sicher bedauerlich. Aber muß nicht ab und zu etwas zugrundegehen, weil sonst allzuviel auf unserem ohnedies strapazierten Gedächtnis lastet?

Ludwig war der jüngste Sohn Karls des Großen. Sein Name, vom merowingischen Chlodwig (= »kampfberühmt«) abgeleitet, der bisher in der pippinisch-karolingischen Familie nicht üblich war, zeigt das Bestreben Karls des Großen, legitimistisch an die Merowingerfamilie anzuknüpfen, in der dieser Name häufig vorkam.

Trotz seiner eigenen, obzwar siegreich durchgestandenen

schlechten Erfahrung mit der Reichsteilung verfügte Karl 806 eine Nachfolgeordnung, die eine Teilung vorsah, aber nicht zum Tragen kam, da der jüngste Sohn das Glück hatte, daß alle seine Brüder noch vor dem Vater wegstarben, so daß ihn Karl 813 zum Mitkaiser erhob und Ludwig nach Karls Tod unverzüglich und ohne weitere Formalitäten die Nachfolge als König im gesamten Frankenreich und als Römischer Kaiser antreten konnte. Die Krönung erfolgte in Aachen und zwar ohne Papst. Der Papst erhob keine Einwendungen.

Vom Tod des Vaters erfuhr Ludwig in Aquitanien, wohin er, um das Regieren zu üben, schon 791 als Dreizehnjähriger geschickt wurde. Nun, 814, war Ludwig 26 Jahre alt, er wird in den Quellen als groß, schön und gebildet und als tatsächlich zuinnerst fromm geschildert; das heißt: er glaubte an alle die Märchen (jungfräuliche Geburt Christi, Trinität), die inzwischen an der reinen Lehre Christi angeschwemmt worden waren, und praktizierte die »Christianisierung« mit Feuer und Schwert ohne schlechtes Gewissen. Er ließ sich Zeit, nach Aachen zu kommen, nahm unterwegs die Huldigungen der Großen seines Reiches entgegen und die Regierungsgeschäfte auf.

In Aachen traf er Zustände an, die ihn entsetzten. Aus allen Zimmern des Palastes quollen des verewigten Karl Kebsweiber und Betthasen und zogen rotzige Bastarde am Kittel hinter sich her. Ludwig räumte auf, scheuchte die Weiber in Klöster und die Bastarde auch. Ebenfalls wechselte er Karls Räte aus; es wehte ein neuer Wind. Ohne Ehrgeiz auf weitere Expansion des Reiches nach außen (wohl aber die »christliche Mission« Dänemarks und der Slawenstämme fördernd) bemühte sich Ludwig redlich und mit Erfolg, die innere Struktur des Reiches zu verbessern und zu festigen. Daß das Karolingerreich, wenngleich später dreigeteilt, die Zerreißproben der folgenden Zeit überstand, war sicher sein Verdienst.

Dennoch war Ludwig eine im wahren Sinn des Wortes tragische Figur. Er scheint schon in seinen zwanziger Jahren unter den Einfluß nicht immer guter Räte geraten zu sein, die er im Übrigen häufig wechselte. Nach dem Tod seiner ersten Frau, die ihm neben einigen Töchtern drei Söhne geboren hatte (Lothar, Pippin und Ludwig), heiratete er ein zweites Mal, und zwar die Gräfin Judith, die Tochter eines bayrisch-schwäbischen Grafen Welf, Stammvater des noch weidlich zu erwähnenden Geschlechts der Welfen. Mit der Geburt des Nachzüglers Karl aus dieser Ehe fingen Ludwigs Verwicklungen an. Er hatte nämlich – nicht vom unheilvollen Teilungsprinzip lassend – schon vorher verfügt, daß das Reich zwischen den Söhnen Lothar, Pippin und Ludwig zu teilen sei, bei Einheit des Reiches nach außen und Vorrangstellung Lothars, der Kaiser sein sollte.

Nun aber drängte Judith, die auch ihren Sohn versorgt sehen wollte und überhaupt den bestimmenden Einfluß auf den Kaiser erlangte hatte, darauf, auf Kosten der drei älteren Brüder eine Teilung in vier Königreiche zu verfügen. Das brachte die älteren Brüder auf, es kam zu unschönen Zusammenstößen und endlich zu einem förmlichen Krieg der drei älteren Söhne gegen den Vater. Der Papst – Gregor IV. – versuchte zu vermitteln. Vater und Söhne trafen sich, jeweils mit Gefolge, in der Nähe von Colmar im Elsaß. Verhandlungen wurden gepflogen. Der Papst pendelte zwischen den Lagern hin und her, die in vorsichtiger Entfernung voneinander aufgerichtet waren. Ob der Papst ein ehrlicher Makler war oder ein Verräter, ist nicht mehr auszumachen (eher, ist anzunehmen, letzteres), jedenfalls ging es so aus, daß sich der alte Kaiser (der gar nicht so alt war: 55 Jahre) plötzlich von seinen Anhängern verlassen und dann als Gefangener seiner Söhne sah. Die erklärten ihn unter demütigender Behandlung für abgesetzt und steckten ihn sowie die Kaiserin und den kleinen Karl (der war zehn Jahre alt) in getrennte Klöster (833). Dem schändlichen Verhalten der Söhne verdankt diese Gegend ihre Bezeichnung »Lügenfeld«. Wider alles Erwarten schlug das politische Glück jedoch nochmals um. Den Papst, einige Prälaten und hohe Adelige beschlichen (abergläubische?) Bedenken wegen der schlechten Behandlung des Kaisers, er wurde befreit und bekam wieder Oberwasser, wobei ihm half, daß der zweite Sohn Pippin, König von Aquitanien, 838 starb. Aber der Friede war nicht hergestellt, es herrschte nur gespannte Waffenruhe.

In dieser Situation starb der alte Ludwig im Juni 840 auf einer Insel im Rhein bei Ingelheim. Er verzieh sterbend seinem Sohn Ludwig, schickte die Kaiserkrone Lothar, in dessen Schutz er – den Bock zum Gärtner machend – die Kaiserin Judith und den inzwischen siebzehnjährigen Karl empfahl. Mit dem Tod Ludwigs des Frommen (den sowohl die deutschen wie die französischen Königslisten ebenso wie Karl den Großen als jeweils den »I.« zählen) ging – mit einer ephemeren Ausnahme – die Einheit des Frankenreiches zu Ende. Zwar blieb König Lothars Autorität als einziger Kaiser unangefochten, im Übrigen aber waren die Teilreiche souverän, und die weiteren Konflikte waren vorprogrammiert. Lothar behielt als direktes Herrschaftsgebiet Italien, Ludwig II., der in der Geschichtsschreibung den Beinamen »der Deutsche« erhielt, regierte in den Reichsteilen östlich des Rheins, der junge Karl (oder doch wohl eher seine Mutter) in den Reichsteilen westlich davon.

Damit war die im wesentlichen bis heute gültige Aufteilung des Karolingischen Reiches in ein »Frankreich« und ein »Deutschland« besiegelt. Und damit beginnt wohl die im engsten Sinn eigentliche deutsche Geschichte.

REICHSGRENZEN UNTER
OTTO DEM GROSSEN
UND KONRAD II.
KÖNIGREICH
SCHWEDEN
KÖNIGREICH
DÄNEMARK
Nordsee
Ostsee
Danzig
Hamburg
Elbe
Stettin
Bremen
HERZOGTUM
POLEN
Osnabrück
Magdeburg
Breslau
Oder
Meißen
Köln
Erfurt
Lüttich
Aachen
Krakau
Frankfurt
Prag
Trier
Mainz
Bamberg
Rhein
Regensburg
Donau
Paris
Ulm
Preßburg
Straßburg
Augsburg
Salzburg
KÖNIGREICH
FRANKREICH
Basel
Konstanz
KÖNIGREICH
UNGARN
BURGUND
Zagreb
Mailand
Po
Venedig
Genua
Parma
Bologna
Nîmes
Marseille
Ancona
Florenz
KÖNIGREICH ITALIEN
Adriatisches Meer
Corsica
Rom
Bari
Barcelona
Mittelmeer
Balearen
N
Sardinien
0
100 km
Palermo
Sizilien
Reichsgrenzen unter Otto d. Großen
Reichsgrenzen unter Konrad II.

III. Teil

Reich Ottos des Großen / Konrads II.

Erstes Kapitel

Im ersten Kapitel werden die Straßburger Eide gesprochen – Karl der Kahle bedeckt sein bloßes Haupt mit der Kaiserkrone – die nicht anders als blödsinnig zu bezeichnende Erbfeindschaft zwischen Deutschen und Franzosen nimmt ihren Anfang – die Wikinger flitzen brandschatzend die Flüsse hinauf – der dicke Karl darf sein Gnadenbrot in seinem angestammten Schwaben essen.

Wie nicht anders zu erwarten, beginnt diese deutsche Geschichte mit einem Krieg. Nicht, wie man meinen könnte, kam es zwischen den älteren Söhnen des verstorbenen Kaisers und dem Stiefbruder zum Krieg, es kam vielmehr zu einem Zerwürfnis zwischen Ludwig dem Deutschen und Kaiser Lothar. Lothar wollte Ludwig nur Bayern zugestehen, Ludwig ließ sich jedoch auch in Sachsen und Thüringen huldigen. (Sachsen bedeutete im ganzen Mittelalter etwa das heutige Niedersachsen.) Lothar wiegelte deshalb die Sachsen auf, die die schlechte Behandlung durch Karl den Großen nicht vergessen hatten, doch Ludwig, offenbar ein tatkräftiger Mann, schlug den Aufstand nieder. Er verband sich mit dem Stiefbruder, dem westfränkischen König Karl, der wohl dem frommen Schutz des Kaisers nicht ganz traute, es kam zur Schlacht von Fontenoy (25. Juni 841), wo zum ersten und zum letzten Mal ein deutsches und ein französisches Heer nicht gegeneinander, sondern verbündet gegen einen Dritten kämpfte, nämlich gegen Kaiser Lothar, dessen Heer geschlagen wurde. Es ging noch eine Zeitlang hin und her, zwei Jahre später, im August 843, sah sich Lothar dann jedoch gezwungen, dem Vertrag von Verdun zuzustimmen.

Die Vertragsurkunde ist verlorengegangen, aber ihr Inhalt ist zu vermuten. Das Reich Karls des Großen wurde sozusagen der Länge nach in drei Teile geteilt. Karl (in der französischen Königsliste als »II.« gezählt und mit dem Beinamen »der Kahle« geschmückt) erhielt das heutige Frankreich bis zum Atlantik und zur spanischen Grenze, Ludwig der Deutsche den ostfränkischen Anteil vom Rhein bis zur Elbe und linksrheinisch die Landstriche von Mainz bis Speyer (das waren die hauptsächlich zivilisierten und kultivierten und – NB! – »zwangs-christianisierten« – Teile Ostfrankens), Lothar erhielt Italien und einen breiten Keil Landes von den Alpen bis zur Nordsee ungefähr vom Rhein einerseits und Rhône/Saône/Maas anderseits begrenzt. Und Lothar blieb Kaiser.

Nicht uninteressant ist, daß auf die Sprachgrenze, die sich längs durch Lothars Gebiet schlängelte, keine Rücksicht genommen wurde. Der Vertrag hatte rein politische, keinerlei nationale Hintergründe, wie ja überhaupt die ganze Regelung keine Teilung des Reiches nach außen bedeuten sollte, wenngleich er die Weichen dazu stellte. Die Idee der »unitas imperii« entsprechend der »unitas ecclesiae« blieb unangetastet, und alle drei Brüder waren und blieben *fränkische* Könige. Aber die Sprachgrenze gab es schon. Dem Vertrag von Verdun war eine sozusagen bewaffnete Konferenz der jüngeren Brüder im Februar 842 vorausgegangen, die in Straßburg stattfand. Ein illegitimer Enkel Karls des Großen, Nachkomme einer jener Bastarde aus dem Palast zu Aachen, namens Nidhart oder Neidhart hat eine genaue Chronik der Vorgänge verfaßt. Danach war es so, daß die jeweiligen Könige vor ihrem Heer eine Ansprache hielten, in der sie die künftige Teilung begründeten. Neidhart gibt diese Reden in wörtlichem Latein wieder. Dann sprachen die Könige eine ausgeklügelte Eidesformel (nämlich den Schwur, zusammen gegen Kaiser Lothar zu halten), und zwar jeweils in der anderen Sprache, interessanterweise; es sollte zeigen, daß jeder Bündnispartner den Eidesinhalt auch in der fremden Sprache voll verstanden hatte. Die Eidesformeln hat Neidhart im Original wörtlich überliefert, und so ist dieser politische Gebrauchstext vom 14. Februar 842 sowohl das älteste Zeugnis der altfranzösischen als auch eins der ältesten Zeugnisse der althochdeutschen Sprache. (Altfranzösisch lautete der Eingang: »Pro deo amur et pro christian poblo et nostro commun saluament...« und althochdeutsch: »In gods minna ind in thes christianes folches ind unser Gedhero gehaltnissi...«) Das bedeutet, daß sich damals bereits im heutigen Frankreich die Volkssprache zum Romanischen hingewandt, die ostfränkische Volkssprache zum Germanischdeutschen hin entwickelt hatte. Daß auch im Deutschen Einflüsse der noch jahrhundertelang geltenden Amts- und Kirchensprache Latein sich geltend machten, liegt auf der Hand.

*

Die folgenden zwanzig Jahre der Herrschaft König Ludwigs des Deutschen waren – mit Ausnahme von lästigen Grenzquerelen mit dem zeitweilig erstarkten Großmährischen Reich im Osten – relativ ruhig, und Ludwig konnte sich anderen Dingen widmen. Er baute Regensburg und Frankfurt zu Königsresidenzen (Pfalzen) aus. Es zeigten sich die ersten zarten Ansätze einer eigenständigen deutschen präromanischen Kunst (ehemalige Abteikirche in Corvey, Kloster Lorsch, Buchmalerei) und des Geisteslebens.

Unter Ludwig wurde Hrabanus Maurus (ca. 780–856) Erzbischof von Mainz, einer der ersten deutschen, wenngleich lateinisch schreibenden Literaten und Publizisten. Er verfaßte staats- und kirchenrechtliche Schriften, aber auch literarische Texte.

*

Einen unschönen Einbruch in die lange Regierungszeit Ludwigs bildete 862 etwas, was man als den sich fortzeugenden Fluch böser Taten ansehen könnte. So wie Ludwig seinerzeit gegen seinen Vater rebelliert hatte, erhob sich jetzt sein eigener Sohn Karlmann gegen ihn. Allerdings war Karlmann weniger erfolgreich, denn diesmal schlug der Vater den Sohn, Karlmann wurde gefangen, konnte fliehen, rumorte weiter, bis es 865 zu einer Aussöhnung kam, in der – unter königlicher Oberhoheit des Vaters – Karlmann Bayern und die östlichen Marken als Unter-Königreich überlassen wurden.

Inzwischen war aber die älteste Linie des karolingischen Hauses erloschen. Kaiser Lothar war schon 855 gestorben, es folgte ihm in Italien sein ältester Sohn Ludwig als König (als Kaiser Ludwig II.), für den jüngsten – Karl – wurde das alte Burgundische Reich (etwa: die Westschweiz und die heutige Franche-Comté um Basel bzw. Besançon) neu installiert, und der mittlere – Lothar – erbte jenen nördlichen Landteil von der Schweiz bis an die Nordsee, der seitdem Lothars Land = Lotharingien hieß, welcher Name – zurückgeschrumpft auf das Land um Metz – in »Lothringen« erhalten ist. Der burgundische Karl starb schon 863 und der lotharingische Lothar 869. Nun stritten sich die Erben, es kam zu komplizierten Konfrontationen und fast zum Krieg, der durch den Vertrag von Meersen 870 vermieden wurde. Dieser Vertrag ist eine Modifikation des Vertrages von Verdun hauptsächlich zugunsten Ludwigs des Deutschen und

Karls des Kahlen, denn des jüngeren Lothar Anteil wurde etwa entlang der Mosel-Maas-Linie geteilt, die westliche Hälfte Karl, die östliche Ludwig zugesprochen. Kaiser Ludwig II. verblieb Italien.

875 starb dann, ohne männliche Erben zu hinterlassen, Kaiser Ludwig II. König Ludwig der Deutsche, der eigentlich der nächstälteste Agnat gewesen wäre, hatte offenbar – alt und schon krank – keinen eigenen Ehrgeiz auf die Kaiserkrone, hätte es aber gern gesehen, daß sein unartiger, inzwischen jedoch offenbar gebesserter Sohn Karlmann Kaiser geworden wäre. Allein, Karl der Kahle kam dem zuvor, eilte nach Rom und wurde von Papst Johannes VIII. genau am 75. Jahrestag der Krönung seines Großvaters (25. Dezember 875) zum Kaiser gekrönt (als Kaiser Karl II.). Ludwig der Deutsche scheint nichts mehr dagegen unternommen zu haben und starb auch im März des folgenden Jahres.

Auch Ludwig der Deutsche ging nicht vom unseligen karolingischen Prinzip der Teilung seines Reiches ab, obwohl ja sein Reichsanteil schon nur noch ein Stück des ganzen Imperiums war. Er hatte drei Söhne: den schon unrühmlich genannten Karlmann, einen Ludwig und einen Karl. König Karlmann, der, wie schon erwähnt, Bayern mit den östlichen Marken einschließlich Kärntens erhielt, orientierte sich (der erste bekannte Fall der unglücklichen deutschen Sehnsucht nach dem Süden) nach Italien, übernahm tatsächlich nach dem Tod seines kaiserlichen Onkels Karls des Kahlen, der nur zwei Jahre Kaiser gewesen war, die Königsherrschaft dort (877), versuchte die Kaiserkrone zu erlangen, marschierte auf Rom, mußte aber, weil er erkrankte, umkehren und starb bald darauf (880) wahrscheinlich grollend und wahrscheinlich in Altötting, ohne einen weiteren Italienzug unternommen zu haben. Er hinterließ keinen legitimen Sohn (wohl aber einen Bastard: Arnulf, von dem noch die

Rede sein wird) und setzte seinen jüngsten Bruder Karl zum Erben ein.

Der mittlere Sohn Ludwigs des Deutschen, König Ludwig III., »der Jüngere« genannt, erhielt als Erbe »Francia« (also das heutige Frankenland) sowie Thüringen und Sachsen. Als nach seines Vaters Tod 876 Karl der Kahle, der westfränkische König, versuchte, einen Teil Lotharingiens an sich zu reißen, kam es zum ersten, wenn man so will, deutsch-französischen Krieg. Dieser Krieg war der Anfang der über tausend Jahre währenden, nicht anders als blödsinnig zu bezeichnenden »Erbfeindschaft« zwischen Deutschen und Franzosen und die erste Auseinandersetzung um jenes kleine Stück Land Lothringen, das bis in unser Jahrhundert hinein (zusammen mit dem Elsaß) den leidigen Zankapfel bilden sollte.

Das Ganze ist ein Beispiel dafür, wie unselig es sich auswirkt, wenn Schuld und Rache, Recht und Sühne sich fortpflanzen, wenn Nachgeborene sich bemüßigt fühlen, aufrechnen zu müssen. Wahrhaft aus der Geschichte lernt man nur, wenn man zwar die Vergangenheit nicht vergißt, aber stets neu zu denken anfängt. –

Sofern man für die damalige Zeit – und wenn, dann mit Vorbehalt – schon von Deutschen und Franzosen sprechen kann, ist, ohne den Franzosen zu nahe treten zu wollen, doch festzustellen, daß jener Bruderkrieg (dynastisch gesehen ein Onkel-Neffe-Krieg) von französischer Seite vom Zaun gebrochen worden ist. Karl bekam – manchmal handelt der Weltgeist ordentlich – denn auch am 8. Oktober 876 in der Schlacht bei Andernach eins auf sein kahles Haupt. Er erholte sich offenbar nicht mehr davon, denn er starb das Jahr drauf, zwei Tage vor dem Jahrestag der Schlacht. Die Nachfolgewirren in Karls westfränkischem Reichsanteil brachten für Ludwig den Jüngeren gewisse Vorteile mit sich, denn er erzielte im Vertrag von Ribémont (Februar 880) eine abrundende Modifikation jenes Vertrages von Meersen von 870. Die Kaiserkrone blieb übrigens seltsamerweise sozusagen im Safe liegen. Von 877 an rekurrierte keiner der Nachkommen Karls des Großen mehr drauf, für ganze vier Jahre. War sie schon wertlos geworden?

Auch Ludwig der Jüngere starb, ohne männliche Erben zu hinterlassen (882), und übrig blieb vom deutschen Zweig der Familie nur Karl, den bald schon die Geschichtsschreibung mit dem Spitznamen »der Dicke« zierte.

Karl, der bei der Teilung des Ostreiches Schwaben und Raetien (also das heutige Tirol u. a.) erhalten und schon vom erwähnten Erbe seines ältesten Bruders profitiert hatte, gelang es, den Papst zu bewegen, ihn zum Kaiser zu krönen (12. Februar 881): Kaiser Karl III. Er erbte 882 den ganzen Ostteil des Reiches, und als seine westfränkischen Vettern (Ludwig II. der Stammler, Ludwig III. und Karlmann) nacheinander wegstarben wie die Fliegen (879, 882, 884), wählten auch die westfränkischen Adeligen Karl den Dicken zu ihrem König, so daß plötzlich und unerwartet fast das ganze Imperium Karls des Großen und das Kaisertum wieder in einer Hand vereinigt waren. (»Fast« bedeutet: bis auf das kleine, schillernd halbselbständige Königreich Burgund in den savoyardischen Alpen, auch Arelat genannt, das ein Schwiegersohn Kaiser Ludwigs II., König Boso, regierte.)

Die Herrlichkeit des wiedervereinigten Reiches dauerte nur drei Jahre, war auch eher alles andere als eine solche. Karl, nicht nur dick, sondern zunehmend körperlich (und vielleicht auch psychisch) hinfällig, war ohne Glück. Er vermochte es nicht, in der kurzen Zeit, die ihm blieb, die zunehmend auseinanderdriftenden Teile des Reiches zusammenzuhalten. Außerdem plagte ihn ein Volk, das als späte und allerletzte Welle der Völkerwanderung an die Grenzen des Reiches brandete: die Normannen.

Die Normannen waren Wikinger (= »Kriegsleute«), rekrutiert aus den in Skandinavien und Dänemark verbliebenen germanischen Stämmen. Seit Ende des achten Jahrhunderts übten sie das Gewerbe der Seeräuberei aus, und zwar sehr erfolgreich. Bald erkannten sie aber, daß am Land mehr zu holen war, und überfielen daher nicht nur die See- und Hafenstädte, sondern flitzten auch in ihren märchenhaft wendigen Schiffen die Flüsse hinauf und brandschatzten Städte im Landesinneren, so etwa sogar Paris. Die Normannenüberfälle wurden dann eine ernsthafte Plage, als die Piraten (die außerdem, entsetzlicherweise, noch fröhliche Heiden waren) anfingen, mit ihrem Raub nicht mehr nach Hause zurückzukehren, sondern an den Küsten Stützpunkte zu errichten, von wo aus sie ihre Beute an die Beraubten zurückverkauften. Man konnte sich ihrer so wenig erwehren wie eines wilden Wespenschwarms. In Karls des Dicken Zeiten waren sie von der Plage zur politischen Gefahr geworden. Karl versuchte den Normannenstürmen entgegenzutreten, versuchte es mit Gewalt und durch zähmende »Bekehrung« – umsonst. Es halfen nur fette Tributzahlungen. Das aber gerade wurde dem Kaiser als Kapitulation des christlichen Herrschers vor heidnischen Rotten angekreidet. Aber das war wohl nur ein Vorwand. Die ostfränkischen Großen wollten den debilen Dicken loswerden. Als Karls letzte Stütze, sein Kanzler Bischof Liutward von Vercelli, eidbrüchig von ihm abfiel, war es mit Karl zu Ende. Er wurde für abgesetzt erklärt (November 887), aber immerhin nicht umgebracht. Er durfte sein Gnadenbrot in seinem angestammten Schwaben essen; jedoch nicht lang, schon im Januar 888 starb er.

Das war das endgültige Ende des ungeteilten Reiches, und von diesem Tag an gingen die deutsche und die französische Geschichte eigene Wege.

Zweites Kapitel

Im zweiten Kapitel sind die Karolinger bis zur Unkenntlichkeit degeneriert – ein Bastard zieht nach Rom, um sich die Kaiserkrone zu holen – beim fröhlichen Vogelfang wird Herzog Heinrich mit der Königskrone überrascht – die Großen werden an die Urnen gerufen – die Thronfolgeregelung macht dem Teilen ein Ende.

Wozu die alten Merowinger immerhin dreihundert Jahre gebraucht hatten, das gelang den Karolingern in vier Generationen und nur hundert Jahren: bis zur Unkenntlichkeit zu degenerieren.

Nach dem Tod Karls des Dicken blieb nur ein einziger männlicher Karolinger übrig: der nachgeborene westfränkische Prinz Karl, der bezeichnenderweise »der Einfältige« genannt wurde. Er wurde später König von Frankreich als Karl III. und pflanzte ein dünnes Flämmchen von Familie fort, das noch hundert Jahre dahinflackerte und mit Ludwig V., dem Untätigen, von Hugo Capet, dem Stammvater aller späteren französischen Könige, ausgeblasen wurde.

Im ostfränkischen Bereich überlebten nur zwei Bastarde: Bernhard, ein illegitimer Sohn Karls des Dicken, und der schon erwähnte Arnulf, den König Karlmann mit seiner Kebse Liutwinda gezeugt hatte.

Arnulf, etwa 850 geboren, war von seinem Vater zum Statthalter in Kärnten mit dem Titel »dux« (Herzog) eingesetzt worden. Das ging grade noch an für einen Bastard. Als nachfolgeberechtigt für die Königs- oder gar Kaiserwürde galt er nach der Staatsmoralvorstellung nicht. Aber er eroberte sich durch geschicktes Taktieren und vor allem durch erfolgreiche Feldzüge gegen Slawen und Normannen eine ausreichende Machtbasis, um zusammen mit dem Erzkanzler Liutward 887 den Sturz seines Onkels herbeizuführen. In Forchheim kamen dann die ostfränkischen (deutschen) Großen zusammen und wählten förmlich Arnulf zum neuen König. Dieses Verfahren hatte Folgen: Arnulf folgte somit nicht kraft Abstammung und Geburtsrecht als König nach, sondern durch den Konsens der Großen, d.h. der Grafen und Bischöfe. Damit wurde aus einer erblichen Monarchie ein Wahlkönigtum und das Königtum in gewisser Weise abhängig vom Großadel des Reiches und, leider, der hohen, meist korrupten Geistlichkeit. Folgerichtig begann sich unter König Arnulf die Territorialgewalt, von Karl dem Großen wohlweislich unterdrückt, wieder zu entwickeln. Luitpold von Bayern und Konrad von Franken legten die Grundstöcke für die späteren Herzogtümer ihrer Familien.

Dennoch war die Regierung Arnulfs eher segensreich; Arnulf war zurückhaltend und klug. Er schlug die Einladung der französischen Großen aus, sich auch dort zum König wählen zu lassen. Wohl wußte er aus dem Schicksal Karls des Dicken, daß dieser Brocken zu groß gewesen wäre.

*

Nach Karls des Dicken Tod blieb der Kaiserthron, da Arnulf vorerst keinen Ehrgeiz darauf zeigte, wiederum leer, wiederum vier Jahre lang. In Italien war die politische Gewalt zwischen zwei Parteien streitig: der des Berengar von Friaul (eines Abkömmlings Ludwigs des Frommen aus weiblicher

Linie) und der des Guido (oder Wido), Herzogs von Spoleto, der Herkunft nach auch ein Franke. Guido gewann die Oberhand und zwang den Papst 891, ihn und 892 seinen Sohn Lambert zum Kaiser zu krönen. Der Papst, es war Papst Formosus, sah sich also wieder einmal bedrängt und rief in bewährter Manier den fränkischen König (der inzwischen de facto ein deutscher König war) zu Hilfe. So kam es zum ersten bewaffneten Romzug eines Königs mit der Absicht, sich die Kaiserkrone zu holen.

Arnulf langte mit einem mächtigen Heer 895 vor Rom an (auf dem Weg hatte er einige unbotmäßige tuszische und lombardische Barone beim Ohr genommen), belagerte es, erstürmte es durch das Tor S. Pancrazio, befreite den Papst, fegte die spoletische Partei samt Kaiserchen Lambert hinweg (sechzehn Jahre alt; Guido war 894 schon gestorben) und wurde im Februar 896 zum Kaiser gekrönt. Krankheit hinderte ihn, seine Herrschaft über Italien endgültig zu festigen. Er war gezwungen, nach Deutschland zurückzukehren, wo er 899 am 8. Dezember, wohl in Regensburg, starb. Sein scheinbar erfolgreicher Romzug hatte ihm letzten Endes nur die Dekoration mit der Kaiserkrone gebracht, die sonstigen politischen Ergebnisse versickerten rasch.

*

Arnulf hinterließ einen siebenjährigen Sohn, Ludwig, genannt »das Kind«. Das Kind wurde im Februar 900 zu Forchheim zum König gewählt und gekrönt. (Die erste historisch belegte deutsche Königskrönung.) Er galt als legitimer König: Ludwig V., aber an seiner Stelle regierten seine »Berater«, Erzbischof Hatto von Mainz und Bischof Salomo von Konstanz. Es liegt auf der Hand, daß diese politische Konstellation die Territorialgewalt erstarken ließ. 909 schwang sich Arnulf, der Sohn jenes Grafen Luitpold, zum Herzog von Bayern auf, 906 Konrad, ein Graf im Lahngau, zum Herzog von Franken. Dem neuesten Feind aus dem Osten, den Ungarn, die schon einige Jahre zuvor aus den Tiefen Asiens heraus ins Licht der Geschichte gedrängt hatten und nun die Südostflanke des Reiches bedrohten, konnte nur schwacher Widerstand entgegengesetzt werden. 910 wurde ein deutsches Heer auf dem Lechfeld geschlagen. Eine Katastrophe verhinderte nur der Rückzug der Ungarn, nachdem sie geplündert hatten.

911 starb der stets kränkelnde König, und mit ihm erlosch endgültig das karolingische Haus im östlichen Teil des fränkischen Reiches, das mit Recht nun schon Deutschland hieß.

*

Es muß an dieser Stelle nochmals darauf hingewiesen werden, daß es kein deutsches Königtum, keinen »König von Deutschland« (im Sinne des späteren Staatsrechts gedacht) gab. Es gab nur einen *fränkischen* König, und wenn Reichsteilungen stattfanden, gab es zwar mehrere Personen im königlichen Rang (und auch mit dem Titel), die sozusagen zusammen den Einen fränkischen König bildeten. Der Zusatz »deutsch« (oder »von Aquitanien«, »von Italien«) bezeichnete lediglich das Territorium, in dem der König die (fränkische) Herrschaft ausübte. Der »deutsche König« war also de jure der in Deutschland (also Ostfranken) regierende Teilkönig des als Ganzes gedachten Imperiums. De jure blieb das so bis zum Ende des alten Reiches, wenngleich sich diese rechtliche Konstruktion schon im Laufe des zehnten Jahrhunderts bis zur Vergessenheit abschliff.

Mit dieser Konstruktion, die aber 911 den Verantwortlichen noch gegenwärtig war, hing die alleinige Legitimation der Angehörigen der karolingischen Familie für das Königsamt zusammen. Die Krone war ein Familienerbe und leitete sich von Karl dem Großen her. (Anders die Kaiserkrone. Als persönlicher Titel war diese nur an die Legitimation der Krönung und Salbung usw. durch den Papst geknüpft; das zeigt sich daran, daß schon 891 ein Guido von Spoleto, der kein Karolinger war, rechtens zum Kaiser gekrönt werden konnte.)

Allein, das Prinzip war schon, wie erwähnt, bei der Erhebung Arnulfs, eines Bastards, zwar nicht durchbrochen, aber aufgeweicht worden. Arnulf war wenngleich illegitimer so doch blutmäßig Karolinger, über die Hürde der Bastardität hob ihn jedoch nur das Votum der Großen, der Grafen und Bischöfe hinweg. Der Geschichtsschreiber Regino von Prüm umschreibt das so, daß sich der Adel seinen König nunmehr »de suis visceribus« (= aus den eigenen Eingeweiden, also aus den eigenen Reihen) suchte.

So geschah es dann auch im November 911, als der letzte ostfränkische Karolinger gestorben war. Der Wortführer unter den in Forchheim versammelten Großen war der gerissene und machtgierige Erzbischof Hatto von Mainz, der schon für Ludwig das Kind die Regierung geleitet hatte. Mit Sicherheit auf seinen Vorschlag hin wurde davon abgesehen, den westfränkischen König Ludwig (den Einfältigen), der ja als Karolinger für die Nachfolge in Frage gekommen wäre, einzuladen, auch das ostfränkische Teilreich zu übernehmen, und statt dessen den mächtigsten und einflußreichsten deutschen Grafen, Konrad von Franken, zum König zu wählen. So geschah es dann, und mit dieser Absage an die karolingische Legitimität war der letzte Schritt zur Verselbständigung des ostfränkischen Reiches getan.

Konrad, der später in der deutschen Herrscherliste als Konrad I. gezählt wird, konnte nicht verhindern, daß sich die Territorialgewalt der Großen – denen er ja seine Wahl verdankte: – weiter verselbständigte. Insbesondere erstarkte in Sachsen und in Schwaben die herzogliche Autorität. Die wiederholten Ungarneinfälle konnten nur mit Hilfe dieser Autoritäten abgewehrt werden, und einen herben Verlust mußte Konrad im Westen hinnehmen: Ludwig der Einfältige von Frankreich konnte zwar nicht daran denken, einen Anspruch auf die ostfränkische Reichshälfte durchzusetzen, aber es gelang ihm, die lotharingischen Großen auf seine Seite zu ziehen, so daß sich dieses Land – das sich nun auch als Herzogtum verstand – aus Protest gegen die Wahl Konrads dem französischen Staatsverband anschloß. Konrad fehlten die Mittel, dies zu verhindern.

Ob Konrad, dessen Regierung also im Ganzen gesehen eher unglücklich verlief, somit eine schlechte Wahl gewesen war, kann man nicht sagen, denn die Umstände waren wohl nicht günstig, und wahrscheinlich wäre einem anderen auch nicht mehr Erfolg beschieden gewesen. Außerdem war Konrads Regierungszeit zu kurz (er starb schon 918), als daß er große Pläne hätte verwirklichen können.

*

Ob es eine Legende oder ob es historische Wahrheit ist, daß Konrad auf dem Sterbebett seinen Bruder, den Herzog Eberhard von Franken, gebeten hat, die Krone dem Rivalen um die Macht und aufmüpfigen Herzog Heinrich von Sachsen als dem Tüchtigsten und Würdigsten zu überbringen, ist umstritten. Es mag ein Kern historischer Tatsache darin zu finden sein. (Die Aussicht, eine Dynastie zu gründen, hatte Konrad ohnedies nicht, denn sowohl er als sein Bruder waren kinderlos.) Vollkommen Legende ist die Geschichte vom fröhlichen Vogelfang, bei welcher Beschäftigung Herzog Heinrich von den Boten überrascht worden sein soll, die die

Königskrone brachten. Vielmehr gingen dieser Königswahl schwierige und harte Verhandlungen voraus, die mit einem Bündnis zwischen Heinrich und Eberhard von Franken schlossen. So wurde Heinrich (in den späteren Königslisten als König Heinrich I. geführt; woher sein Beiname »der Vogler« kommt, ist ungeklärt, die oben genannte Vogelfanglegende ist nicht Ursache, sondern Folge seines Spitznamens) im Mai 919 in Fritzlar von den fränkischen und sächsischen Bischöfen, Grafen und Baronen zum König gewählt und von den Heeren akklamiert.

Damit war es aber noch nicht getan. Der mächtigste Mann im Süden war Herzog Arnulf von Bayern. Der hatte selbst Ambitionen auf die Krone, und es ist nach der Quellenlage nicht ganz klar, ob er sich nicht sogar schon zum König hatte ausrufen lassen. Etwas weniger schwierig war das Verhältnis zu Herzog Burchard II. von Schwaben. Beide Herzöge steckten jedoch nach weitreichenden Zugeständnissen, was ihre territoriale Macht betraf, zurück und erkannten Heinrich als König an. Das war ein staatsrechtlich äußerst bedeutsamer Kompromiß, der das ganze Mittelalter hindurch die – wenngleich oft brüchige – Grundlage der Reichseinheit bildete. Den König und die Herzöge verband eine »amicitia«, eine durch Eide verschweißte politische Freundschaft, die den Herzögen nahezu königliche Stellung zubilligte, in deren Rahmen aber der König der primus inter pares war. Seltsamerweise half diese wackelige und anfällige Konstruktion, das Reich zu festigen. Wahrscheinlich wäre es sogar klaglos gut gegangen, wenn nicht zunehmend die Kirche ihre machtgierigen Klauen in den Staatsmechanismus gekrallt hätte.

Heinrich war ein tatkräftiger Mann. Trotz der eben genannten Einschränkungen seiner Macht gelangen ihm beachtliche Abwehrerfolge gegen Slawen und Ungarn und eine gewisse Festigung des deutschen Reichsgedankens dadurch, daß er die Anerkennung seiner Königswahl durch den westfränkischen Karolingerkönig Karl III. erreichte (Vertrag von Bonn 921), die allerdings durch die – scheinbar – definitive Abtretung des Herzogtums Lothringen an Frankreich erkauft werden mußte.

Die Tatsache, daß Heinrich mit den Karolingern verschwägert war (seine Tante Liutgard war mit König Ludwig dem Jüngeren verheiratet gewesen), dürfte bei seiner Wahl keine große Rolle gespielt haben. Heinrich brach auch – ebenfalls ein folgenreicher Schritt – mit dem karolingischen Prinzip der Reichsteilung, das ja auch angesichts der neuen, oben geschilderten staatsrechtlichen Situation kaum mehr zu vertreten gewesen wäre. An der Stelle ist auch ein Wort über die akademische Frage angebracht, wieweit das deutsche Wahlkönigtum dennoch eine erbliche Monarchie war, d.h. wieweit der an sich nicht selbstverständliche Gedanke der Legitimation durch Erbfolge im öffentlichen Bewußtsein verankert war. In irgendeiner Form verfassungsrechtlich festgehalten war das Nachfolgeprinzip nicht, wurde es auch nie, solange es das Reich gab. Das verfassungsrechtliche Bewußtsein ist nur rückblickend aus der geübten Praxis bei der jeweiligen Herrschaftsnachfolge zu erschließen. Dabei ist zu bemerken, daß bis zum Interregnum im dreizehnten Jahrhundert die Großen des Reiches immer, sofern einer vorhanden, den Sohn des verstorbenen Königs zum neuen König wählten, wobei sich freilich schon, wie unten gleich ausgeführt, unter Otto I. die vorwegnehmende Nachfolgeübung herausbildete, daß der König zu Lebzeiten einen seiner Söhne zum Mitkönig mit Sukzessionsrecht wählen ließ. Erst nach dem Tod König Konrads IV. 1254 wurde das Reich – nicht zu seinem Nutzen – zu einer echten Wahlmonarchie, wovon (im nächstfolgenden Band) noch zu reden sein wird. Die staatsrechtliche Definition der deutschen Monarchie wäre also etwa: Wahlkönigtum mit starkem Anwartschaftsrecht des jeweiligen (meist ältesten) Königssohnes.

Dies die Theorie. In der Sache wurde es bald virulent.

Heinrich hatte in erster Ehe eine sächsische Grafentochter Hatheburg geheiratet, hatte von ihr einen Sohn: Thankmar. Nach drei Jahren – Heinrich war erst noch Herzog von Sachsen – winkte eine bessere, einflußbietende Partie in der Person der westfälischen Gräfin Mathilde, einer Nachkommin jenes Herzogs Widukind, der Karl dem Großen solche Schwierigkeiten gemacht hatte. Hatheburg wurde also nach Hause geschickt, die Ehe annulliert. Das so kostbare Dogma von der Unauflöslichkeit der Ehe sahen Päpste und Prälaten bei hohen Herrschaften, wie schon erwähnt, nicht so eng. Vor allem dann nicht, wenn auch für die Kirche ein paar (goldene) Brosamen dabei abfielen. Von Mathilde hatte Heinrich fünf weitere Kinder (drei Söhne, zwei Töchter), der älteste hieß Otto.

929 handelte Heinrich mit den Großen seines Reiches eine Art Thronfolgeregelung (»Hausordnung«) aus, die besagte, daß das Königtum in einer Hand zu bleiben habe und das Reich nicht geteilt werden dürfe: das Prinzip der Individualsukzession. Von einem Vorrecht des Erstgeborenen war nicht die Rede, denn Heinrich designierte unter Übergehung jenes Thankmar seinen zweiten Sohn Otto auf einem Hoftag in Erfurt 936 zum Nachfolger. Als Heinrich dann im gleichen Jahr verstarb, wählten die Bischöfe und weltlichen Großen in Aachen den Prinzen Otto anstandslos zum neuen König. Er wurde feierlich vom Erzbischof von Mainz gekrönt, gesalbt und geweiht und auf den Königsthron Karls des Großen gesetzt. Ohne Zweifel betonte Otto – in der Königsliste später König Otto I. – damit und mit der Wahl des Krönungsortes Aachen die karolingische Tradition. Wir haben auch Nachricht vom Königsmahl, das der Krönung folgte. Die Herzöge

von Franken, Schwaben, Bayern und sogar – obwohl de jure nicht zum deutschen Reich gehörig – Lothringen bedienten den König als Truchseß, Mundschenk, Marschall und Kämmerer. (Der fünfte Herzog, der von Sachsen, bediente freilich nicht: das war ja der König selbst.)

Dieser so geschmückte und bediente, damals vierundzwanzig Jahre alte junge Mann sollte, mit dem Epitheton »der Große« bedacht, als einer der bedeutendsten deutschen Herrscher des Hochmittelalters und als erster deutscher Kaiser des Römischen Reiches in die Geschichte eingehen.

Drittes Kapitel

Im dritten Kapitel werden die einfallenden ungarischen Horden und die Slawen von Otto dem Großen in die Schranken gewiesen – ein Hauch von Frieden bringt die Kaiserkrone zum Glänzen – Otto der Große hat nicht lange Freude an seinem wiedererstandenen Imperium – ein Horrorkabinett skandalöser Päpste sieht nicht über den Tellerrand.

Aber der Herrschaftsübergang erfolgte nicht so reibungslos, wie es sich König Heinrich vorgestellt hatte. Thankmar erhob mit der Begründung, daß er der älteste Sohn sei, Anspruch auf den Thron, und der jüngere Heinrich wollte geltend machen, daß er der einzige schon als Königssohn geborene Prinz sei (Otto wurde noch vor Heinrichs Königswahl geboren), was zu bürgerkriegsähnlichen Zuständen führte, denn beide Brüder des Königs versuchten mit Gewalt, ihre Ansprüche durchzusetzen. Otto gelang es, beide Insurrektionen zu unterdrücken. Die Situation für Otto war deshalb erleichtert, weil die beiden Prätendenten naturgemäß auch untereinander zerstritten waren.

Die Gestalt Thankmars (oder Thangmars) ist interessant und fast im antikischen Sinn tragisch. Er war zum Zeitpunkt des Todes seines Vaters etwa Mitte Dreißig (sein genaues Geburtsjahr ist nicht bekannt) und hätte sich zunächst offenbar der Oberhoheit seines jüngeren Bruders gebeugt, wenn nicht der ihm dann sogar sein mütterliches Erbe, nämlich Stadt und Festung Merseburg, vorenthalten hätte. Das brachte Thankmar, man muß wohl sagen mit Recht, auf, und er griff zu den Waffen. Aber er überschätzte seine Macht. Eine Zeitlang konnte er sich zwar halten, inzwischen versöhnte sich König Otto jedoch mit seinem jüngeren Bruder Heinrich (dem er als Preis das Herzogtum Lothringen überlassen mußte, das nun wieder nach Deutschland zurückgedriftet war), der nun gegen Thankmar ins Feld zog. Thankmar nahm Heinrich aber gefangen, worauf sich König Otto selbst bemühen mußte. Er jagte Thankmar, der sich zuletzt in die Erasburg (eine damals mächtige Burg und Pfalz im heutigen Nordhessen) zurückzog, wo ihn Otto nun belagerte. Thankmar gab, bevor die Burg fiel, auf, legte seine goldene Kette am Altar der Burgkirche nieder, was die Abdankung bedeutete, und wurde unmittelbar danach von einem Hintersassen Heinrichs ermordet (938). Ein historischer Vorwurf für ein romantisches Drama – ob es je geschrieben wurde, entzieht sich meiner Kenntnis. Aber auch die Versöhnung Ottos mit Heinrich war nur von kurzer Dauer. 941 gab es neue Konflikte, die erst beigelegt wurden, als Otto seinen Bruder mit dem Herzogtum Bayern und königlichen Vorrechten ausstattete.

Eine fast noch größere Gefahr für Otto waren die durch den Zerfall der zentralen Königsherrschaft in den letzten fünfzig Jahren übermächtig gewordenen Grafen und Herren. Otto war es klar, daß er, wollte er die Zentralgewalt in dem sich langsam bildenden Deutschen Reich stärken oder eigentlich wiederaufrichten, die Macht der Grafen und Herren zurückstutzen mußte. Die damit selbstverständlich alles andere als einverstandenen Adeligen nützten nun vielfach die Zwistigkeiten im Königshaus aus, um als Parteigänger und Mitläufer der Gegner Ottos dem Königtum zu schaden. Diese Zwistigkeiten hörten nicht auf. Herzog Heinrich gab auch als Bayernherzog keine Ruhe, dazu kam – wie sich die Dinge wiederholen – eine Insurrektion von Ottos ältestem Sohn Liudolf.

Die Dinge lagen jetzt jedoch anders. Liudolf war der einzige Sohn, der König verwitwet. Otto betrachtete Liudolf selbstverständlich als Nachfolger im Sinn der »Hausordnung« und stattete ihn mit dem Herzogtum Schwaben aus, wo er – um den Ausdruck zu wiederholen – das Regieren üben sollte. Aber Liudolf scheint einen wirklich bösen Charakter gehabt zu haben. Als sich Otto in zweiter Ehe mit der burgundischen Königstochter Adelheid vermählte, befürchtete Liudolf, hinter einem zu erwartenden Sohn aus dieser Ehe zurückgestellt zu werden, verband sich mit seinem ohnedies immer noch unzufriedenen Onkel und – dies könnte auch eine nachträgliche Verleumdung sein – mit den aggressiven Ungarn, die schon wieder die Ostgrenze unsicher machten.

Eben diese Gefahr war es dann, die Otto aus den inneren Schwierigkeiten half, denn als die Ungarn 954 wieder mit Macht ins Reich einbrachen, waren die streitenden Parteien doch wenigstens für den Augenblick so vernünftig, ihre Zänkereien zu vergessen und sich um den König zu scharen, dem es so gelang, die bereits bis weit ins Reich vorgedrungenen Horden am 10. August 955 am Lechfeld bei Augsburg so vernichtend zu schlagen, daß sie nie mehr wiederkehrten. (Nicht weniger bedeutend, wenngleich weniger spektakulär und nicht so historiographisch-patriotisch umkränzt war der Sieg Ottos über die Slawen an der Recknitz kurz danach. Ihnen wurde die ethische Überlegenheit des Evangeliums der Liebe über den Schädel gehauen.) Der Geschichtsschreiber Widukind von Corvey berichtet, das siegreiche deutsche Heer habe noch auf dem Schlachtfeld König Otto zum »imperator« (also zum Kaiser) ausgerufen. Wenn das nicht nur eine begeisterte Reminiszenz Widukinds an die Lektüre antiker Darstellungen war, so hatte diese Akklamation strenggenommen keine Bedeutung, denn nach unbestrittener staatsrechtlicher Ansicht war einzig der Papst berechtigt, die Kaiserkrone zu verleihen, denn diese Krone war ja eine Gnade Gottes (»Dei gratia ...«), und diese verwaltete auf Erden in letzter Instanz der Papst.

Diese Siege und die endliche Befriedung der Streitigkeiten im Inneren (der widrige Herzog Heinrich von Bayern starb 955, der Sargnagel Liudolf wurde nach Italien abgeordnet, wo auch er bald starb) verliehen dem Königtum Ottos einen Glanz, den es bisher nicht gehabt hatte. Die – nun rechtmäßige – Kaiserkrone zu erlangen, war nur mehr eine Frage der Zeit.

Die Kaiserkrone hatte zuletzt der italienische Potentat fränkischer Abstammung Berengar von Friaul getragen. Die Macht, die Berengar im östlichen Oberitalien ausübte, entsprach in keiner Weise der Würde, die eigentlich der Kaiserkrone zukam. Solche Sachen sind meist wechselwirksam: so verblaßte auch die Bedeutung der Kaiserwürde, und nach Berengars Tod 924, so scheint es, wurde diese Würde schlichtweg vergessen. Es gab keinen Kaiser mehr. (Weder König Raoul von Westfranken/Frankreich noch König Heinrich von Ostfranken/Deutschland scheinen ein Interesse an dem verkommenen Symbol-Geschmeide gehabt zu haben.) Nun wiederholte sich jedoch wieder einmal die Geschichte. In Italien war – nach komplizierten Querelen, in die auch König Otto schon verwickelt war und die zu seinem ersten Italienzug anfangs der fünfziger Jahre geführt hatten – ein anderer Berengar (Enkel des 924 verstorbenen Titular-Kaisers) zu solcher Macht und solchem Ansehen gekommen, daß sich der Papst – es war Johannes III., eine der unwürdigsten Figuren, die je den Petersthron verunstalteten – bedroht fühlte. Er rief Otto um Hilfe. Das führte zum zweiten Italienzug des Königs (961). Berengars italienisches Machtgefüge zerriß rasch, Berengar selbst wurde gefangen und nach Bamberg exiliert. Am 31. Januar 962 traf Otto in Rom ein, am 2. Februar wurden er und Königin Adelheid vom Papst in der Peterskirche gekrönt. Damit beginnt die gut 800 Jahre währende – meist unheil-, selten glanzvolle – Geschichte des Reiches, das später das Römisch-Deutsche genannt werden sollte oder »Imperium Romanum Nationis Germaniae«: Römisches Reich Deutscher Nation. Wiederum war klar, daß die staatsrechtliche Machtstellung in Deutschland nicht aus dem Kaisertum, sondern einzig aus der (ostfränkisch-)deutschen Königswürde abgeleitet wurde. Der Kaisertitel war ein persönlicher Titel des jeweiligen Kaisers, mit welchem sich freilich eine übernationale (nie verwirklichte) Reichsidee in nie ganz vergessenem antikem Sinn verband.

Aber Otto war nicht nur deutscher König. Schon auf seinem ersten Italienzug hatte er sich (in betonter Nachfolge Karls des Großen) als langobardischer König, also König von Italien, huldigen lassen. Diese Krone blieb theoretisch bis zum Ende des alten Reiches 1806 mit der deutschen Königskrone verbunden.

*

König – nun Kaiser – Otto hielt sich diesmal vier Jahre, später, auf seinem dritten Italienzug, sogar sechs Jahre im Süden auf, mit der Ordnung der italienischen Verhältnisse beschäftigt. In Deutschland hatte Otto schon 961 seinen gleichnamigen Sohn zum Mitkönig wählen lassen und zum Nachfolger bestimmt, quasi als Regent und Statthalter zurückgelassen. Nur war Otto II. erst sechs Jahre alt; die Statthalterschaft übte in Wirklichkeit des Kaisers jüngster Bruder, der tüchtige

Erzbischof Bruno von Köln aus. Auch gab es Streitigkeiten mit dem Ostkaiser in Byzanz, der ja noch in Süditalien Reste italienischer Provinzen hielt.

Um jene Landstriche im Süden Italiens (eigentlich nur noch der Stiefelabsatz, die Stiefelspitze und die Städte Capua und Neapel), die noch in byzantinischer Hand waren, entbrannte zum letzten Mal der Streit um die Einheit und Unteilbarkeit der römischen Kaiserwürde. Der byzantinische Kaiser Nikephoras Phokas pochte so hohnvoll wie machtlos auf seine älteren Rechte, und als Otto eine Gesandtschaft (unter Bischof Liutprand von Cremona) nach Byzanz schickte, um die Sache gütlich und durch eine eheliche Verbindung des Thronfolgers mit einer byzantinischen Prinzessin aus der Welt zu schaffen, ließ Kaiser Nikephoros die Gesandtschaft wie Gefangene halten und dann daheim ausrichten: Otto sei weder Kaiser noch König und schon gar kein Römer, sondern ein Barbarenhäuptling, und für seinen hinterwäldlerischen Sprößling sei eine purpurgeborene Prinzessin viel zu schade.

Kurz darauf (969) wurde Nikephoros von seiner eigenen Kaiserin ermordet, die ihren Geliebten, den General Johannes Tsimiskes, zum Kaiser erhob, der sich dann allerdings als einer der klügsten und glücklichsten Herrscher des Byzantinischen Reiches erwies und dessen Schrumpfen auf einige Jahrhunderte hinaus aufhalten konnte. Die Westkaiserfrage erledigte Johannes elegant, indem er im Austausch mit dem Verbleib der ohnedies spärlichen italienischen Provinzen das Kaisertum Ottos des Großen anerkannte und für den jungen Otto als Braut die Byzantinerin Theophanu schickte, die freilich nicht, wie man im Westen meinte, eine Kaisertochter, sondern nur (die genaueren Verwandtschaftsverhältnisse sind unklar) eine entfernte Nichte des Kaisers war. Schon vorher aber (967) hatte Otto der Große seinen nun zwölfjährigen

Sohn, König Otto II., zur Stützung seines Anspruchs und natürlich auch zur Sicherung der Dynastie vom Papst zum Mitkaiser krönen lassen.

972 kehrte Otto, auf dem Höhepunkt seiner Macht, als Kaiser und König über ein nach außen gesichertes und nach innen (einigermaßen, muß man einschränken) befriedetes Reich nach Deutschland zurück. Ein Hoftag zu Quedlinburg zu Ostern 973 sah den Kaiser und König in seiner Größe und in seinem Glanz des wiedererstandenen Imperiums, gehuldigt von vielen Großen des Reiches und auch Gesandten ausländischer Mächte.

Es war der letzte Hoftag Ottos. Wenige Wochen später, am 8. Mai 973, starb er in seiner Pfalz Memleben, von der – nahe Naumburg und Merseburg – heute noch romantische Reste vorhanden sind.

*

Die Darstellung der Geschichte Ottos des Großen wäre nicht vollständig ohne die Erwähnung der Kirchenpolitik, die das politische Bild Deutschlands auf Jahrhunderte hinaus beeinflussen, wenn nicht prägen sollte. Daß Otto eine wohl persönliche »Christenpflicht« in der Slawenmission sah (die sich aufs Harmonischste mit der Befriedungspolitik gegenüber den östlichen Nachbarn verband, das heißt, daß wieder einmal den heidnischen Untermenschen der Scheitel mittels des scharfgeschliffenen katholischen Katechismus nachgezogen wurde), was zur Gründung des Bistums Merseburg und des Erzbistums Magdeburg führte, war nicht so entscheidend wie die Tatsache, daß sich Otto in der wilden, von äußeren Bedrohungen und inneren Konflikten erfüllten ersten Hälfte seiner Regierungszeit auf keinen anderen Bundesgenossen stützen konnte als auf die Kirche, und zwar auf die politische

Macht der Kirche. Er wechselte sozusagen die Besetzung der Schaltstellen aus. An die Stelle der unsicheren und zum Teil feindlich gesinnten weltlichen Herren setzte er die ohnedies nach weltlicher Macht gierenden Bischöfe und Äbte. Angelpunkt war, daß deren Mandat nicht erblich sein konnte – im Gegensatz zu den weltlichen Herrschaften. Und auf die Besetzung der Bischofs- und Abtstühle nahm Otto zunehmend Einfluß, so weit, daß letzten Endes allein die Investitur durch den König die Einsetzung bewirkte, und selbstverständlich wählte sich der König diese Männer aus dem Kreis der ihm treu ergebenen und zuverlässigen Mitarbeiter der »Hofkapelle« (das ist in etwa seit Karls des Großen Zeiten die Innere Kanzlei, das Ministerium des Königs). So entstand das, was die Geschichtsschreibung mit dem Begriff »Reichskirche« bezeichnet. Da der Kaiser zudem die Stifte und Klöster (die meist die strategisch wichtigen Plätze besetzten) mit großzügigen Landschenkungen und mit Privilegien finanzieller und wirtschaftlicher Art bedachte, bildete sich hier im zehnten Jahrhundert das heraus, was sehr bald schon zur Territorialherrschaft der Bischöfe und Äbte, also zu den geistlichen Fürstentümern führen sollte.

Die Päpste bemerkten, grob gesprochen, diese Entwicklung nicht, durch die ihnen im Grunde genommen eins der wichtigsten Rechte entglitt: das der Besetzung der Bistümer. Daß die Päpste dies nicht bemerkten, oder ihm nicht die gebotene Aufmerksamkeit schenkten, erklärt sich leicht dadurch, daß das zehnte Jahrhundert das schwärzeste der Papstgeschichte ist. Das Papsttum war zu jener Zeit zu einer moralischen Minderwertigkeit herabgesunken wie selbst in den schlimmsten Zeiten nachher nicht mehr. Die Reihe skandalöser Päpste gleicht einem Horrorkabinett. Die knöchernste Habsucht verweltlichte die Curie derart, daß jede geistliche Führung vernachlässigt wurde – eben auch die Beobachtung der für die Curie so gefährlichen Entwicklung in Deutschland. Aber es dauerte – welthistorisch gesehen – nicht lange. Die Zeitbombe »Investiturstreit« tickte. Ihre Explosion wird das Deutsche Reich bis in die Grundfesten erschüttern.

Viertes Kapitel

Im vierten Kapitel erfahren wir etwas vom Leben der mittelalterlichen Bevölkerung – Vegetarier hatten damals keine Ernährungsgrundlage – schon damals speisten sich die Staatsausgaben vom Geld der kleinen Leute – die Lehre von der Gleichheit der Menschen wird von der Kirche nur zögernd verbreitet – Bildung adelt keineswegs – alte Dämonen und neue Heilige ändern nichts am dumpfen Aberglauben.

»Manche freilich müssen drunten sterben,
Wo die schweren Ruder der Schiffe streifen,
Andere wohnen bei dem Steuer droben ...«

Hugo von Hofmannsthal

Es war bisher in dieser Darstellung dessen, was wir die deutsche Geschichte nennen, nur die Rede von denen, die »bei dem Steuer droben« wohnten und dieses Steuer mehr oder weniger betätigten. Was war in jenen Zeiten mit denen, die »drunten« leben und sterben mußten und namenlos ihre Seele verhauchten? – mit dem Volkslehm, in den jene Blutspur geritzt ist, die »die Weltgeschichte« heißt?

Zu Zeiten Ottos des Großen, also um die Mitte des zehnten Jahrhunderts, hatte das Deutsche Reich nach Schätzungen und Rückrechnungen drei Millionen Einwohner (Frankreich sechs, Italien fünf Millionen, bei einer Gesamtbevölkerung der Erde von vielleicht fünfhundert Millionen). Im Gegensatz zu Frankreich, das schon – dank seiner römischen Tradition – gewisse urbanzivilisatorische Züge aufwies, oder Italien, wo die Stadt Rom, wenngleich fast ganz entvölkert, einen gewissen Glanz ausstrahlte, oder gar das mächtige, goldstrotzende Byzanz, das den Gipfel an Kultur und Verfeinerung bildete, war Deutschland kaum mehr als Wald und Wiese. Städte gab es wenige, allenfalls im Rheinland, wo die römischen Stadtgründungen nachwirkten (Köln, Mainz, Worms, Speyer) und im Maingebiet (Frankfurt, Bamberg), dazu im eigentlichen Hausmachtbereich des sächsisch-salischen Kaiserhauses, wo Neugründungen gefördert wurden und aufblühten (Magdeburg, Merseburg, Quedlinburg). Die Städte waren an unseren Verhältnissen gemessen klein. Hatte eine Siedlung, wie damals vielleicht Köln, zehntausend Einwohner, galt sie als Großstadt. Andere Städte hatten eine weit geringere Einwohnerzahl, oft weniger als tausend. Der weit größere Teil der Bevölkerung lebte also auf dem Land, wobei ein stetiger und im Lauf der nächsten Jahrhunderte zunehmender Zuzug von ländlicher Bevölkerung in die Stadt zu verzeichnen ist, was notwendig zu deren Erhalt war, denn im städtischen Bereich war die Geburtenrate niedriger als die Sterblichkeitsziffer. Die Lebenserwartung lag bei dreißig bis dreiunddreißig Jahren, die Kindersterblichkeit war so groß, daß jede Frau drei bis vier Kinder gebären mußte, um den Bevölkerungsstand zu halten (heute knapp über zwei).

Die Deutschen müssen sich damals so gut wie ausschließlich von Fleisch ernährt haben, denn das meiste des landwirtschaftlich genutzten Landes waren Weiden. Erst in ottonischer Zeit begann die »Vergetreidung«, d.h. der regelmäßige Anbau von Roggen, Weizen, Gerste usw., der aber noch über zweihundert Jahre lang gegenüber der Viehzucht zurückblieb. Der Getreideanbau war kümmerlich. Das Verhältnis von Saat zu Ernte betrug nur eins zu drei, also mit einem Kilo Saatgut wurden allenfalls drei Kilo Getreide erzielt. Das war auf schlechte Getreidesorten, ungenügende agrarische Kenntnisse und mangelhafte Düngung zurückzuführen und bewirkte, daß bei der geringsten Schwankung der Wetterlage zur ungünstigen Seite hin (zu naß oder zu trocken) Mißernten eintraten. Aufgrund der so gut wie überhaupt nicht vorhandenen Infrastruktur war es unmöglich, diese Mißernten großräumig auszugleichen, so daß es sehr oft zu Hungersnöten kam, die – bedingt durch vermutlich unsägliche hygienische Verhältnisse – sofort Seuchen nach sich zogen. Bei all dem ist zu bedenken, daß viele zivilisatorische und technische Errungenschaften der Antike in Vergessenheit geraten waren. Die leib-, welt- und lebensfeindliche Ideologie des verkrusteten Christentums hatte das zumindest mitverursacht.

Die adelige und geistliche Oberschicht war klein; die städtische Bevölkerung, innerhalb derer sich erst ganz langsam eine Kaufmanns- und eine Handwerkerschicht bildeten, war naturgemäß zwar größer, aber immer noch gering im Gegensatz zur bäuerlichen Bevölkerung, die um diese Zeit einen folgenschweren und traurigen Wandel durchmachte. Immer mehr Bauern gerieten in Abhängigkeit von adeligen oder geistlichen Grundherren, wurden also »Hörige«, was nicht viel mehr war als Sklaven. Sie waren zwar nicht ganz rechtlos, doch das Recht sprach der Grundherr, und so waren sie auf dessen Charakter angewiesen. Im Großen und Ganzen muß man sich das Leben der mittelalterlichen Bevölkerung so vorstellen, daß sie Gott ergeben fror, wenn es kalt war, ebenso hungerte, wenn nichts zum Essen da war, daß Bären und Wölfe und Räuber ihr Leben und ihr karges Eigentum ständig bedrohten, und daß sie froh um jeden Tag war, den sie überlebt hatte. –

Der Staat, das heißt der König, bestritt den Lebensunterhalt und die Staatsausgaben aus Steuern. Das Steuersystem war aber höchst dürftig ausgebildet, blieb es auch das ganze Mittelalter hindurch. Hauptsächlich die »Unfreien« – also die kleinen Leute, nicht anders als heute also – zahlten Steuern, die in der Regel sogenannte Kopfsteuern waren. Im Gegensatz zu den oft existenzbedrohend drückenden Frondiensten, zu denen diese bäuerlichen Halbsklaven ständig verpflichtet waren, hielten sich die Kopfsteuern meist in annehmbaren Grenzen. Aber die Masse machte es. Außerdem hob der König aus gegebenen Anlässen, was meist Feldzüge waren, von den Herzögen, Grafen und Herren »Geschenke« ein, und dann verfügten ja die Könige über sozusagen private Besitzungen, Hausgüter, aus denen sie Subsidien für die Hofhaltung usw. zogen.

Der Kirche gelang es, als wichtigste Stütze der Königsmacht in ottonischer Zeit, zu außerordentlich privilegiertem ökonomischem Status aufzusteigen. Sie hatte also allen Grund, den vorhandenen Zustand zu erhalten. Die Lehre Christi, daß alle Menschen gleich sind – auch der hörige Bauer –, verbreiteten die Geistlichen also nur zögernd und außerdem auf Lateinisch. Und das verstand der Bauer nicht.

Auch die Adeligen verstanden kein Latein, und Lesen und Schreiben war in ihren Kreisen nicht verbreitet. Schon die alten Germanen hatten wenig Gebrauch von dem Grundsatz gemacht, daß Arbeit adelt und Bildung den Horizont erweitert. Diese Haltung wirkte noch lange fort. (Es gab allerdings Ausnahmen: etwa Kaiser Otto II.; von ihm wird noch die Rede sein.) Bildung war somit Sache der Geistlichkeit, und hier muß man gerechterweise sagen, daß einzig die Kirche die Durchlässigkeit der sozialen Schichten öffnete, denn auch ein intelligenter Bauernsohn konnte innerhalb der geistlichen Hierarchie Karriere machen und aufsteigen. Freilich: vererben konnte er seinen erworbenen Stand nicht, so daß das System als Ganzes stabil blieb.

Die Bildung, die eine geistliche Laufbahn vermittelte, war selbstverständlich einseitig, christlich-klerikal eingeengt. Aber immerhin waren es einzig die Geistlichen, die lesen und schreiben konnten. Welche geistige Macht das über die Übrigen bewirkte, läßt sich an allen zehn Fingern abzählen. Daher auch sind alle Quellen klerikal gefärbt. Und wenn alle Intriganten und Bösewichte des Mittelalters Geistliche waren, darf man daraus doch nicht den ungerechten Umkehrschluß ziehen. Auch um wirklich böse zu sein, bedarf es eines gewissen Durchblickes, den damals einzig der Klerus hatte.

Von deutscher Literatur ist zu ottonischer Zeit so gut wie nicht die Rede, und wenn, dann handelt es sich um lateinische Dichtung. An erster Stelle steht dabei, so seltsam das in Anbetracht der christkatholisch-patriarchalischen Gesinnung des Mittelalters klingt, eine Frau: Roswitha (oder Hrotsvit, Hruotswith), eine Nonne des Klosters Gandersheim, deren oft prallkomische Theaterstücke die Art des Terenz nachahmten. In lateinischen Hexametern geschrieben ist das Epos ›Waltharius‹ des Mönchs Eckehart von St. Gallen (gest. 975), ein Heldenlied vom sagenhaften Prinzen Walther, der gegen die Hunnen kämpft, insgesamt stofflich dem späteren Nibelungenlied ähnlich. Überhaupt war St. Gallen (genauer gesagt: das Kloster dort) ein Zentrum des geistigen Lebens. Schon zur ausgehenden Karolingerzeit hatte dort Notker Balbulus (gest. 912) als Historiograph, Dichter und Musiker gewirkt, Notker Labeo (gest. 1022) ist der einzige Schriftsteller der Volkssprache der damaligen Zeit. Von ihm ist eine Reihe von Übersetzungen lateinischer Texte ins Althochdeutsche erhalten, u.a. der obenerwähnte ›De consolatione philosophia‹ (›Trost der Philosophie‹) des Boëthius, so daß dieser Notker Labeo auch als der erste Vertreter einer zart sprießenden deutschen Philosophie bezeichnet werden kann. Zu erwähnen ist auch ein etwas später (ca. 1025) entstandenes lateinisches Rittergedicht eines Mönchs vom Tegernsee ›Ruodlieb‹, ein leider nur fragmentarisch erhaltener Abenteuer- und Bildungsroman.

Von der vergänglichsten Kunst, der Musik, kann verständlicherweise nichts berichtet werden, wenngleich wohl primitive Volkslieder vorhanden gewesen sein dürften und eine dem Gottesdienst gewidmete Musikübung in Klöstern bezeugt ist.

Dauerhaftere Zeugen hat die bildende Kunst in Form der Baukunst hinterlassen. Auch hier bewirkte die konsolidierende ottonische Zeit, die eine Renaissance der karolingischen war, einen merklichen Aufschwung. Zahlreiche frühromanische Bauten entstanden namentlich in Kaiser Ottos Stammland, also in Sachsen, und in den neuen Siedlungs- und Missionsgebieten jenseits der Elbe, so die Stiftskirche in Gernrode, St. Michael in Hildesheim, aber auch im Rheinland St. Pantaleon zu Köln.

*

Schwer zu beantworten ist die Frage, ob es damals schon so etwas wie ein nationales Bewußtsein gab, das heißt im Grunde: die Frage nach dem Verhältnis des einzelnen zum Staat oder zu dem, was sich als übergeordnete Gemeinschaft darstellte.

Sicher hatten die Angehörigen der germanischen Stämme ein Zusammengehörigkeitsgefühl gruppendynamischer Natur, das – zumindest bei der Ober- und Führungsschicht – vielleicht sogar über die Stammesgrenzen hinausging. Das dürfte sich im Zuge des Seßhaft-Werdens allmählich verloren haben, und übriggeblieben ist vermutlich der übliche Fremdenhaß, sofern man in den damaligen Zeiten überhaupt Gelegenheit hatte, Fremden zu begegnen. Meist kamen diese Fremden in kriegerischer oder räuberischer Absicht. Die nächste Obrigkeit, der sich der Bauer in erzwungener Zuneigung verbunden fühlte, war der Grundherr. Etwas freier dürfte der Städter gedacht haben, der wohl schon einen Kirchturmpatriotismus zu entwickeln begann. Die Oberschicht war, soweit möglich, kosmopolitisch. Sie dachte in Machtverhältnissen und sprach Latein (oder ließ es sprechen). Ich glaube nicht, daß sie je einen Gedanken auf das Wohl und Wehe der kleinen Untertanen verschwendeten. Die Fürsorge galt nur dem eigenen Machterhalt. Es ist keine einzige Handlung keines einzigen Kaisers oder Königs oder Fürsten des Mittelalters ersichtlich, von Bischöfen und Prälaten ganz zu schweigen, die der Fürsorge für das Volk *an sich* zugedacht gewesen wäre. (Nicht einmal die so eifrig betriebenen Missionierungen: sie dienten der Befriedung und damit wiederum der Sicherung des Machtgefüges.) Es ist nicht ausgeschlossen, daß der Kaiser seine Leute im Großen und Ganzen mochte – wenn sie sich friedlich lenken ließen. So wie der Bauer sein Vieh. Das Volk war ein Faktor. Ideale Vorstellungen betrafen nur das Imperium: die Idee vom Reich. Es ist verständlich, daß sich unter diesen Umständen kein Patriotismus (der ja durchaus etwas Gutes sein kann) und nicht einmal ein nationales Gefühl entwickeln konnte – weder beim Bauern noch beim Kaiser.

So lebte das Volk dahin, dumpf in seinem Aberglauben, fürchtete sich vor den alten Dämonen, gegen die es die neuen Heiligen anrief, und ließ sich von den Zeitläuften hin und her schwappen wie brackiges Wasser. (Manchmal fragt man sich, ob sich da im Grunde genommen bis heute etwas geändert hat?)

Fünftes Kapitel

Im fünften Kapitel wagt Otto III. im zarten Alter von drei Jahren eine Thronbesteigung – Italien weckt intellektuelle Sehnsüchte, die am Capo Colonne zerschellen – die Jahrtausendwende evoziert Endzeitstimmungen – der verrottete Klerus versetzt das gläubige Volk in Angst und Schrecken – in Rom nimmt Otto den Gegenpapst und den Crescentius milde gesagt beim Ohr – die Kultur bekommt einen Schub nach vorn.

Nach Ottos des Großen Tod ging die Königsherrschaft ohne Schwierigkeiten auf den designierten und schon, wie erwähnt, vorsorglich zum Mit-König und Mit-Kaiser gekrönten Otto II. über. Otto war zu dem Zeitpunkt (973) achtzehn Jahre alt, galt als volljährig und führte tatsächlich selbständig die Regierung. Eine Zeit seltsamer Politik der römisch-deutschen Kaiser begann, fast etwas Irreal-Abgehobenes. Otto II. und mehr noch sein Sohn Otto III. nahmen die imperiale Reichs-Idee ernster, als es die Zeitläufte und die Mittel, die zur Verfügung standen, zuließen. Waren es kaiserliche Knabenträume? Otto II. war, wie gesagt, achtzehn Jahre alt, als er die Regierung antrat, und starb mit achtundzwanzig, Otto III. bestieg, sofern man das so nennen kann, den Thron, als er dreieinhalb Jahre alt war, und starb mit zweiundzwanzig.

Aber zurück zum Jahr 973. Zwar erkannten die meisten der

Großen Otto II. ohne Murren als Kaiser und König an, aber der bayrische Herzog, Heinrich der Zänker (Vetter Ottos und Sohn jenes ersten Heinrich von Bayern, der schon Otto I. solche Schwierigkeiten gemacht hatte), verschwor sich gegen den Kaiser und verband sich mit den Fürsten der neuerdings sich in staatliche Gemeinwesen verfestigenden Slawenherzogtümer Polen und Böhmen. Die Verschwörung wurde aufgedeckt und zerschlagen, Heinrich der Zänker abgesetzt und in Ingelheim gefangen. (Von wo ihm 976 die Flucht glückte.) Auch um Lothringen entbrannte ein Streit. Otto II. verlieh das Herzogtum einem der letzten westfränkischen Karolinger, Karl. Das erboste dessen mit ihm in Streit lebenden Bruder, König Lothar von Frankreich, und es kam zu einem neuerlichen deutsch-französischen Krieg, bei dem die deutsche Seite diesmal deutlich den Kürzeren zog. Im Juni 978 stieß ein französisches Heer so überraschend bis Aachen vor, daß Otto sich nur durch die Flucht retten konnte. 980 wurde dann der Friede geschlossen. Otto kam mit einem blauen Auge davon: das Herzogtum Lothringen blieb beim Reich, aber Otto mußte seinen Schützling Karl fallenlassen.

*

Otto II. war, im Gegensatz wohl zu allen seinen Vorgängern, gebildet. Er verkehrte mit den (französischen) Geistesgrößen seiner Zeit, und der Einfluß seiner groß- und weltstädtischen Kaiserin Theophanu auf das intellektuelle Klima des Hofes dürfte bedeutend gewesen sein. Das alles hatte Auswirkungen auf Ottos Träume, die sich, nachdem es ihm gelungen war, die Turbulenzen in Deutschland einigermaßen zu glätten, auf jenes Land richteten, das offenbar damals schon die Sehnsucht der Deutschen war (und es noch wenigstens tausend Jahre bleiben sollte): auf Italien.

Erstens war es Otto ein Dorn im Auge, daß in Süditalien noch einige Landstriche in byzantinischer und neuerdings sogar in sarazenischer Hand waren (die mohammedanischen Araber hatten sich in Sizilien und Apulien festgesetzt), und zweitens fühlte er sich als »Romanum Imperator Augustus«, welchen Titel er seit 967 führte, aufgerufen, das römische Weltreich zu erneuern. Am 13. Juli 982 zerschellten Ottos Pläne am Capo Colonne. Der sarazenische Emir von Sizilien schlug und vernichtete das deutsche Heer. Der Kaiser konnte mit knapper Not entkommen, floh nach Rom, wo er am 7. Dezember 983 starb. (Als einziger römisch-deutscher Kaiser ist Otto II. in Rom, und zwar in den Grotten unter der Peterskirche, begraben.)

Im Mai davor hatte der Kaiser seinen dreieinhalbjährigen einzigen Sohn Otto zum König wählen lassen. Als die Nachricht vom Tod des Kaisers in Deutschland eintraf, bemächtigte sich Herzog Heinrich der Zänker (der 973 aus der Haft entflohene) des Kindes, erklärte sich, da nächster männlicher Verwandter, zum Vormund und Regenten und ließ bald erkennen, daß er selbst nach der Krone strebte. Das und die Rückkehr der verwitweten Kaiserin Theophanu aus Italien rief eine legitimistische Reaktion hervor, die namentlich vom kaisertreuen (und auf eigene Machtfülle bedachten) Erzbischof Willigis von Mainz angeführt wurde. Heinrich mußte zurückstecken, den jungen König ausliefern, Theophanu wurde Regentin. Sie machte ihre Sache nicht schlecht, konnte in den wirren Zeiten einige konsolidierende Erfolge erzielen, so etwa einen Ausgleich mit Frankreich, dessen neuer König Hugo Capet – der die Karolinger endgültig verdrängt hatte – sie sofort anerkannte und wiederum auf den Anspruch auf Lothringen verzichtete.

Theophanu starb 991, worauf für drei Jahre Ottos Großmutter, die – für damalige Verhältnisse – uralte Kaiserin Adelheid, die Witwe Ottos des Großen, die Regentschaft übernahm. Im September 994 – also im Alter von vierzehn Jahren – empfing Otto, den seine Zeitgenossen als »mirabilis mundi« (Wunder der Welt) betrachteten, die »Schwertleite«, d. h. die Majorennität, und übernahm feierlich die Regierungsgewalt.

Damit begann ein kurzes, aber eines der aufregendsten Kapitel der Geschichte des deutschen Hochmittelalters.

*

Die Zeit vor dem als mystisch-bedrohlich empfundenen Jahr 1000 war von Endzeitstimmungen geprägt. Gewisse Prophezeiungen in den apokryphen Evangelien deuteten darauf hin oder wurden daraufhin gedeutet, daß das von Christus ja überdeutlich zum Zentralpunkt seiner Lehre gemachte Weltende und Jüngste Gericht nach tausend Jahren kommen werde. Eine Flut von Büßerbewegungen, Wundergerüchten und dergleichen überschwemmte – namentlich in Italien und Frankreich, besonders heftig im Osten (Bogumilen-Sekte) – die Christenheit. Nicht zuletzt versetzte der Anblick des bodenlos heruntergekommenen Papsttums und des verrotteten Klerus das gläubige Volk in Angst und Schrecken vor einem Strafgericht. Persönlichkeiten wie der gewaltige Eremit St. Nilus oder der erste Bischof von Prag, St. Adalbert, bezeichnen diese geistige Situation.

Diese abergläubischen Vorstellungen machten auch vor dem jungen Kaiser nicht Halt. Es ging ein Riß durch die Seele der Welt, der sich in der Seele des Kaisers widerspiegelte. Einesteils spielte er in einem für einen deutschen König bisher ungeahnten Glanz (allerdings mehr in kindlicher Nachahmung byzantinischen Hofzeremoniells als in Imitation römischer Tradition) Caesar-Augustus in Rom auf dem Aventin, wo er – angeblich, nicht ganz gesichert und nicht erhalten – eine Kaiserpfalz errichten ließ, andererseits pilgerte er barfüßig zu dem eben erwähnten St. Nilus in dessen Höhle, küßte dessen vermutlich ungewaschene Kutte und betete unter Tränen um Vergebung seiner Sünden.

Sollten damit historische Erinnerungen an die unwürdigen Knabenkaiser des dritten Jahrhunderts (Heliogabalus, Severus Alexander) aufkommen, so ist das nur bedingt richtig. Otto III. war ohne Zweifel reich begabt, über seine Jahre hinaus erwachsen und hochgebildet. Seine griechische Mutter Theophanu hatte ihm den byzantinischen Sinn für Luxus mitgegeben, seine Lehrer und Erzieher und die gelehrten Männer, mit denen er sich umgab, haben seinen wachen, wenngleich romantischen, schwärmerischen Geist geprägt. Ohne einen Blick auf diese Persönlichkeiten wäre die kurze, heftige Geschichte Ottos III. kaum verständlich darzustellen.

Der schon erwähnte Adalbert (956–997) stammte aus slawischem Fürstengeschlecht, wurde angeblich gegen seinen Willen zum Bischof von Prag ernannt (lieber hätte er die theologische Wissenschaft und Bußübungen betrieben, ließ er durchblicken), schlug sich mit politischen Widrigkeiten herum, die ihn zwangen, zweimal den Bischofsstuhl zu verlassen. Beim Versuch, den wilden slawischen Pruzzen (= Preußen) unaufgefordert christliches Glaubensgut nahezubringen, wurde er mit einigem Recht erschlagen und schon nach drei Jahren heilig gesprochen. Vorher aber (996) hielt er sich längere Zeit in Rom auf und gehörte zum engsten Kreis des jungen Kaisers.

Von anderem Holz, wenngleich nicht weniger einflußreich, war die Gestalt des Gerbert (945–1003), eines aus bescheidenen Verhältnissen stammenden Franzosen (ein Beispiel, wie weit innerhalb des Klerus die Standesgrenzen durchdrungen werden konnten), der zunächst in Aurillac (daher der Name Gerbert d'Aurillac) und Rom studierte und sich als Mathematiker, Astronom und überhaupt als Polyhistor sehr rasch einen durchs ganze Abendland hintönenden Namen machte. Am päpstlichen Hof und an den Höfen Ottos I. und Ottos II. machte er gewaltigen Eindruck, und sein Ehrgeiz wurde durch Ernennung zum Erzbischof von Reims, später von Ravenna befriedigt. Ohne Zweifel genial, war er von weltlichen und materiellen Interessen, milde gesagt, nicht frei, mischte kräftig in der Politik mit, hielt aber einigermaßen treu zu seinem Kaiser, der gewiß als sein Schüler in geistiger Hinsicht betrachtet werden kann. »Dem weisesten Gerbert, den in den drei Klassen der Philosophie Gekrönten« fing ein Brief des Kaisers an seinen Lehrer an. Welches Schicksal ihn mit dem Weltlauf der Dinge verband, davon wird noch die Rede sein. Wieder eine andere Gestalt war Romuald von Camaldoli (ca. 950–1027), der aus hochadelig herzoglicher Familie stammte, nach einem kriegerisch-blutigen Schlüsselerlebnis Mönch und Eremit wurde und eine Zeitlang in der Nähe von Rom in einer Eremiten-Kolonie lebte, wo der junge Kaiser und einige aus seiner Umgebung geistliche Gespräche mit ihm führten. Romuald war ein Eiferer, der in glühenden Reden und Predigten gnadenlos die Mißstände in der Kirche anprangerte. (Einer der wenigen, die das taten.) Er war ein in jeder Hinsicht rücksichtsloser Asket und nahm einmal Otto III. das Versprechen ab, Mönch zu werden. Als Otto III. dann doch lieber Kaiser blieb, wandte sich der heilige Mann von ihm ab. (Sein Sterbedatum und -jahr sind nicht auszumachen, da er sich zuletzt in seiner Zelle in Camaldoli einschloß und mit überhaupt niemandem mehr redete. 1027 wurde er tot aufgefunden.) Welcher Abgrund zwischen des Kaisers Inklination zu diesem zwar sicher untadeligen, aber finsteren Anachoreten und seiner kaiserlichen Prachtentfaltung klaffte, mag klar werden, wenn man die Biographie Romualds jenem Bild Ottos III. gegenüberhält, das in einer

Chronik des elften Jahrhunderts zu finden ist. Es zeigt den noch bartlosen Kaiser im Glanz der byzantinischen Gewänder, kopfstarr mit aufgerissenen Augen unter der Last der edelsteinumkrusteten Krone, Reichsapfel und Stab in Händen, vor der Kulisse eines kostbaren Teppichs, der zwischen antikisierenden Säulen aufgehängt ist; ihm zur Seite der Papst und ein geistlicher und zwei weltliche Würdenträger – deutlich kleiner dargestellt als der Kaiser.

Zu erwähnen sind auch noch der gelehrte, wenngleich, was sich später herausstellen sollte, unzuverlässige und intrigante Grieche Johannes Philagathos, ein Lehrer Ottos aus der Heimat seiner Mutter, und Bernward (ca. 960–1022), der deutsche Erzieher des Knaben Otto, später Bischof von Hildesheim, der diese Stadt zu einem Zentrum des Geisteslebens und der frühromanischen Kunst machte.

*

Otto III. unternahm zwei Rom-Züge, von denen der zweite allerdings schon eher den Charakter einer Übersiedlung hatte.

Zum ersten Rom-Zug brach Otto im Frühling 996 auf. Es war dies kein eigentlich kriegerischer Zug, kein Papst hatte um Hilfe gerufen. Otto zog – von Regensburg aus – über den Brenner, feierte Ostern in Pavia und erfuhr hier vom Tod Papst Johannes' XV. In Rom hatte ein gewisser Crescentius, ein Baron aus den Sabinerbergen, ein Schreckensregiment errichtet. Zeitweilig waren die Päpste seine Marionetten, aber jetzt scheute er den Konflikt mit dem Kaiser und hielt sich bedeckt. Die Römer schickten Gesandte zu Otto und baten um einen neuen Papst. Otto ernannte seinen Vetter und Hofkaplan Bruno zu dieser Würde, der den Namen Gregor V. annahm. König und neuer Papst zogen nach Rom, wo Gregor seinen Vetter am 21. Mai 996 zum Kaiser krönte. Otto, nun

»Romanorum Imperator Augustus«, war sechzehn, der Papst dreiundzwanzig oder vierundzwanzig Jahre alt. Er war der erste Nichtitaliener seit 250 Jahren und sogar – mit zwei Ausnahmen – der erste Nichtrömer seit langer Zeit. Es konnte nicht gutgehen und ging auch nicht gut. Aber kurze Zeit sonnten sich die Vettern in Rom in phantastischen Weltplänen. Im unübertroffenen Gregorovius liest sich das so: »Wenn nun sie, der Kaiser und der Papst, sich in jenen Tagen in den Gemächern des Lateran ohne Zeugen fanden, so mochten sie einander ewige Freundschaft schwören und schwärmerische Pläne gemeinschaftlicher Weltherrschaft oder der Beglückung des Menschengeschlechts fassen. Allein die Welt ist ein zu gewaltiger Stoff für glühende Knaben. Der Traum jener Begeisterung dauerte kaum vier Monate ...«

Nach Deutschland zurückgekehrt, mußte der Kaiser erfahren, daß jener Crescentius sein Haupt wieder erhoben, Gregor V. verjagt und einen Gegenpapst ernannt hatte. Dieser Gegenpapst war niemand anderer als der oben schon erwähnte Philagathos, Ottos alter Lehrer, der zur Gegenpartei übergelaufen war.

Otto rüstete zum zweiten Italienzug, traf im Februar 998 in Rom ein, nahm den Gegenpapst und den Crescentius beim Ohr – milde gesagt: Philagathos wurden Ohren und Nase abgeschnitten und dann die Augen ausgestochen, Crescentius auf den Zinnen der Engelsburg, die er zuletzt noch verteidigt hatte, geköpft. Den Kaiser begleitete auf dieser Fahrt nicht nur Papst Gregor V., sondern auch zwei kriegerische Geistliche, die die eigentlichen Ideologen der »Renovatio Imperii« waren: sein Kanzler für Italien, der nicht anders als machtgeil zu bezeichnende Heribert (später Erzbischof von Köln), und sein Hofkaplan Leo, zwar gelehrter Mann und Dichter, aber ausgepichter Intrigant (später Bischof von Vercelli). Der Gedanke der »Renovatio« oder auch »Restitutio rei publicae« sollte das theoretische Fundament für eine grundlegende Erneuerung der abendländischen politischen Situation, der Regelung des Verhältnisses von Kaisertum und Papsttum und überhaupt zur Reinigung von den verworrenen Zuständen sein: durch Auffüllen der alten römischen Reichsidee mit christlichem Gedankengut, allen anderen Zwecken voraus: zugunsten der Festigung der klerikalen Macht über Leib und Seelen der Menschen.

Die wohldurchdachten Pläne der beiden Geistlichen wurden immer wieder durchkreuzt von Ottos Schüben asketischer Frömmigkeit einerseits und von seinen eigenen imperialen Eroberungsplänen anderseits, die langsam den Charakter von Größenwahn annahmen. So plante er einmal die Schaffung einer kaiserlichen Mittelmeerflotte, wofür weder Geld noch sonstige Voraussetzungen vorhanden waren – aber immerhin ernannte er vorweg schon einen Admiral.

999 starb unerwartet (man munkelte natürlich »Gift«, aber wahrscheinlich war es die Malaria) Papst Gregor V., nur dreißig Jahre alt, der sich zuletzt als durchaus tatkräftig und tüchtig erwiesen hatte. Otto bestimmte seinen Freund Gerbert von Aurillac zum neuen Papst, der den Namen Silvester II. annahm, ein programmatischer Name, denn Silvester I. war jener Papst gewesen, der – angeblich, aber damals glaubte man es – von Kaiser Konstantin die weltliche Macht über Rom ertrotzt hatte. Silvester II. erwies sich als rigoros gegenüber der Sittenlosigkeit des Klerus und machte sich dadurch nicht gerade beliebt, nachdem zweieinhalb Jahrhunderte lustiges Leben unter den Geistlichen geherrscht hatte. Während einer Pilgerreise des Kaisers, die ihn unter anderem zum Grab seines inzwischen heiliggesprochenen Freundes und Mentors Adalbert in Gnesen führte und auf der er auch gewisse anstehende Dinge an der slawischen Grenze ordnete, brach ein Aufstand der Römer gegen Silvester II. aus (1001).

Der Kaiser eilte sofort dorthin, aber kurz vor der Stadt, am Monte Soracte, ereilte auch ihn die Malaria. Am 23. oder 24. Februar starb er. Damit waren alle Knabenpläne und auch die »Renovatio« verweht. »Als bleibende Leistung (= Ottos) ist hingegen die Verschmelzung von fränkisch-deutscher und römischer Tradition ... festzuhalten« (Tilmann Struve). So scheint mir kein Zweifel daran angebracht zu sein, daß durch Ottos III. wenngleich irreale und sprunghafte Visionen und durch die faszinierende Persönlichkeit dieses jungen, kaiserlichen »mirabilis mundi« die kulturelle Situation im vorher weitgehend noch barbarischen Deutschland einen Schub nach vorn erfuhr, der weit über seinen Tod hinaus weiterwirkte.

Sechstes Kapitel

Im sechsten Kapitel wird der Visionär durch einen Realpolitiker ersetzt – auf geschlechtliche Enthaltsamkeit folgt Heiligsprechung – Heinrich II. erweist sich als schlauer Fuchs – die Verschärfung des Zölibats erweist sich als genialer Schachzug der Erbfolgepolitik – aus dem Reich wird eine staatsrechtlich juristische Person.

Auf Kaiser Otto III., »den Visionär (folgte) ein zäher Realpolitiker…, der, durchdrungen von der Sakralität seines Amtes, Unsicherheit und Zweifel nicht kannte und das Reich konsolidierte« (Alfred Wendehorst). Dieser Realpolitiker hatte zunächst jedoch die Krone zu erstreiten. Otto III. hinterließ keine Kinder, keine näheren männlichen Verwandten. Der Nächste des salisch-sächsischen Königsstammes war Heinrich (als Herzog von Bayern III.), der Sohn des Zänkers, Urenkel König Heinrichs I., also ein Vetter Ottos dritten Grades. Die akademische Frage, ob die deutsche Königskrone als erblich verstanden wurde, ist eben schon kurz gestreift worden. Aufgrund der Entwicklung seit König Heinrich I. (und im Hinblick auf die Praxis in den folgenden drei Jahrhunderten) kann die Frage dahingehend beantwortet werden, daß es sich zwar um ein Wahlkönigtum gehandelt hat, daß aber der nächste Agnat (insbesondere der älteste oder der designierte Sohn) ein gewisses eher moralisches Anrecht darauf hatte, gewählt zu werden. Eine gemischte Erb-Wahl-Monarchie also.

Heinrichs Anspruch war daher dünn, und in der Tat traten andere Bewerber auf, der ernsthafteste war Herzog Hermann II. von Schwaben – auch, wenngleich nur in weiblicher Linie, mit dem Königshaus verwandt. Zwar wählten im Juli 1002 – auf Betreiben des Erzbischofs Willigis von Mainz, des treuen Paladins des Königshauses – die meisten Großen und Bischöfe des Reiches Heinrich von Bayern in Mainz zum König, aber Hermann erkannte die Wahl nicht an, und es kam zwar nicht zum Bürgerkrieg, aber zum Säbelrasseln. Hermann steckte letzten Endes zurück.

Heinrich ist – wenn man Karl den Großen nicht rechnet – der erste und einzige deutsche König und – neben Konstantin dem Großen – der zweite römische Kaiser, der heiliggesprochen wurde. Als Begründung wurde in der Kanonisationsbulle von 1146 angeführt, daß Heinrich und seine 1200 heiliggesprochene Kaiserin Kunigunde (eine luxemburgische Grafentochter) in vorbildlich-christlicher geschlechtlicher Enthaltsamkeit gelebt haben, weshalb Kunigunde als marianische Heilige, als jungfräuliche Kaiserin verehrt werden kann. Die Fürsten des Reiches sahen das, als es an die Nachfolgeregelung ging, anders. Sie führten die Kinderlosigkeit des Paares auf schlichte Impotenz Heinrichs zurück, und fast schien es, als scheitere Heinrichs Kandidatur an diesem Gebrechen. (Selbst neuere katholische Darstellungen neigen zur zweiten Ansicht.)

Der Legende reichte dies jedoch nicht. Sie setzte noch die Kunigunden-Legende drauf, ein Wandermotiv: der Kaiser habe die Treue und Jungfräulichkeit der Kaiserin angezweifelt und habe verfügt, daß Kunigunde bloßfüßig über glühende Pflugscharen gehen müsse. Sie tat es und blieb unverletzt, wodurch mit Gottesurteil die Keuschheit erwiesen war. Daß damit der – heilige – Kaiser in ein schräges Licht gerückt wurde, stört die Legende nicht.

In Wahrheit ist die Heiligsprechung Heinrichs auf weit realere Gegebenheiten zurückzuführen. In bewußter Fortsetzung der Kirchenpolitik Ottos I. förderte und stützte der König von Beginn seiner Regierungszeit an die Reichskirche, überhäufte Klöster und Stifte mit Schenkungen, gründete u.a. das Bistum Bamberg und stattete es – auf Kosten anderer Bistümer allerdings – reich aus, förderte die Gewalt-Mission. Solche Zuwendungen hat die Kirche immer schon gern gesehen. Daß Heinrich aber dabei – die Kehrseite der Medaille – Bischofs- und Erzbischofsstühle in Deutschland und in Italien rigoros und in eigener Machtvollkommenheit mit ihm ergebenen und erprobten Leuten aus seiner Hofkapelle besetzte (politisch gesehen selbstredend ein vernünftiger Zug), vergaß man später, ebenso, daß sich der heilige König nicht scheute, im Kampf gegen den christlichen König von Polen sich mit den stockheidnischen Lutizen (= Litauern) zu verbünden. (Wie überhaupt die Heiligkeit dieses »Heiligen« bei Licht betrachtet deutliche Einbußen hinnehmen muß.)

Dieser Krieg gegen König Boleslaw Chrobry war die erste Sicherungsmaßnahme des neuen Königs. Durch den Frieden von Bautzen (1018) klärte sich das Verhältnis an der Ostgrenze: der Polenkönig durfte die Lausitz und das sogenannte Mülsener Land (= Meißen) behalten, allerdings nur als Reichslehen, was als bloße juristische Konstruktion wenig praktische Bedeutung hatte. Im Westen mußte Heinrich gegen die immer reicher und mächtiger werdenden Territorialherren vorgehen, gegen die Grafen von Flandern und Hennegau und den Herzog von Niederlothringen (= Brabant), die immer weiter vom Reich wegglitten.

Nach Italien zog Heinrich dreimal (1004, 1014, 1021/22), wo er den dort auftretenden Gegenkönig Arduin von Ivrea beseitigte, sich der Langobardenkrone bemächtigte und – von einem wieder einmal von bösen Baronen bedrängten Papst – am 14. Februar 1014 zum Kaiser gekrönt wurde.

Die erwähnte Legendenbildung erschwert es, der Person Heinrichs II. gerecht zu werden. Er scheint ein schlauer Fuchs gewesen zu sein und sogar verschlagen, was einige politische Schachzüge beweisen, die hier auszubreiten zu weit führte. Jedenfalls hat er die deutsche Politik wieder auf den Boden der Tatsachen zurückgeholt, und daß er für etwas heiliggesprochen wurde – die reichen Gaben an die Kirche –, was er als hartes politisches Mittel einsetzte, sei ihm gegönnt. Daß er auf der von ihm initiierten Synode von Pavia den Zölibat verschärfen ließ (übrigens eher vergeblich, wie die weitere Kirchengeschichte zeigt), hatte auch keine frommen Gründe. Heinrich wollte – aus seiner Sicht mit Recht – die Erblichkeit geistlicher Lehen verhindern. Kaiser Heinrich starb am 13. Juli 1024 und wurde in Bamberg begraben. Das überaus schöne Grabmal des Kaisers und der Kaiserin im Dom zu Bamberg von der Hand Tilman Riemenschneiders, ein Meisterwerk der deutschen Renaissance, wurde 1514 errichtet.

*

Mit dem Tod Heinrichs II. war das sächsisch-liudolfinische Königshaus endgültig erloschen. Es gab nur noch Verwandte weiblicher Linie. Zwei Vettern, beide mit Namen Konrad, galten als aussichtsreichste Kandidaten. Es war wiederum ein Erzbischof von Mainz, Aribo, der den jüngeren Konrad, Herzog von Kärnten, bestimmte, zugunsten seines älteren Vetters auf die Kandidatur zu verzichten, so daß dieser (am 4. September 1024) zum deutschen König gewählt wurde: Konrad II. Bemerkenswert dabei ist, daß mit Konrad, im Gegensatz zu seinen Vorgängern, kein regierender Herzog, sondern sozusagen ein, wenngleich reich begüterter, Privatmann gewählt wurde, der allerdings vornehmer Abstammung war. (Seine Urgroßmutter Liutgard war eine Tochter Ottos des Großen gewesen, sein Onkel jener Bruno von Kärnten, den Otto III. als Gregor V. zum Papst erhoben hatte.) Es müssen also die persönliche Tüchtigkeit und das Ansehen des relativ jungen Adeligen gewesen sein (er war bei seiner Wahl etwa 35 Jahre alt), die sich dem Königsmacher Aribo empfahlen.

Seine Tüchtigkeit konnte er bald unter Beweis stellen. Konrad der Jüngere, der so edel auf seine Kandidatur verzichtet hatte, bereute das, fühlte sich nicht reich genug für seinen Verzicht belohnt, tat sich mit dem auch unzufriedenen Herzog Ernst II. von Schwaben (einem Stiefsohn des Königs) zusammen und rumorte jahrelang mit bürgerkriegsähnlichen Aktionen im Land herum. Zwar konnte Konrad im wesentlichen die Oberhand behalten, aber Ruhe gab es erst, als Herzog Ernst II. 1030 starb. (Er war der »Herzog Ernst« des beliebten Volksbuches, das erstmals 1180 nachweisbar ist und vielfache Umformungen erfuhr; der Konflikt Ernsts mit Konrad wurde mit dem Liudolfs und seines Vaters Otto vermischt, auch Barbarossas Geschichte floß ein. Der Stoff wirkte fort bis zu Dramen aus der Feder Uhlands und Peter Hacks'.)

Konrad gelang es, allerdings gegen Gebietsabtretungen, den Frieden im Osten wieder einmal herzustellen, und auch im Norden an der Grenze zu Dänemark. Er unternahm zwei Italienzüge (1026/27 und 1036), wobei er auf dem ersten die lombardische Königskrone empfing und am 26. März 1027 die Kaiserkrone. Auf dem zweiten Italienzug mußte er sich mit der aufständischen Baronen-Bewegung, den sogenannten Valvassoren, in Oberitalien herumschlagen. Dabei ist eine von seinem Biographen Wipo überlieferte Äußerung interessant. Der König konfrontierte die – zu dem Zeitpunkt etwas niedergedrückten – Valvassoren mit einem hier erstmals erkennbaren und für die Zukunft wichtigen staatsrechtlichen Gedanken: daß der König als Person und das Reich nicht identisch seien, d. h., daß das Reich auch ohne König (etwa in der Zeit bis ein neuer König gewählt und gekrönt ist) fortbestehe. Das heißt weiter: alle staatsrechtlichen Pflichten der Lehensnehmer usw. sind nicht an die Person des Königs gebunden, sondern an das – sozusagen unsterbliche – Reich, das damit zu einer Art staatsrechtlicher juristischer Person erklärt wurde. Diese Gedanken wurden nach und nach zu der, auch ausdrücklichen Staatsideologie ausgebaut, daß der König als »König« unsterblich sei.

Ein bedeutender Erfolg Konrads war der Erwerb des Königreichs Burgund für das Reich. Dieses Königreich Burgund (auch Arelat genannt und nicht zu verwechseln mit dem später zeitweise mächtigen Herzogtum Burgund weiter im Norden) war aus dem Zerfall des karolingischen Mittelreiches entstanden und umfaßte beträchtliche Landstriche, nämlich das ganze Gebiet zwischen Genfer See und Mittelmeer, Westalpenkamm und Rhône, unter anderem also auch die damals schon hochgeschätzte Provençe. Nach unzähligen komplizierten Streitigkeiten kam es 1032 zu einem Erbvertrag zwischen dem letzten Burgunderkönig Rudolf III. und König Konrad II., und nach Rudolfs Tod wurde Konrad nun auch zum burgundischen König gekrönt. Seitdem blieb die burgundische Krone wie auch die lombardische beim Reich, so daß das mittelalterliche Imperium aus den drei Königreichen Deutschland, (Ober-)Italien und Burgund bestand, überhöht von der persönlichen Kaiserwürde des jeweiligen Königs. Burgund bildete einen großen Landgewinn, der dem Reich bis ins dreizehnte Jahrhundert erhalten blieb. Danach zerbröckelte auch dort die Zentralgewalt, und die selbstherrlich gewordenen Grafen (Freigrafen von Burgund, die Herren von Savoyen und der Provence) orientierten sich zunehmend nach Frankreich, so daß das ganze dann nur noch schattenhafte Königreich für das Reich verlorenging. (Um bei Deutschnationalen keinen übermäßigen Schmerz über diesen Verlust aufkommen zu lassen, sei festgehalten, daß diese Gebiete nie zum deutschen Sprachbereich gehörten.)

König Konrad II. begann, was in den folgenden Jahrhunderten ständige Praxis der Nachfolgeregelung werden sollte, er ließ sehr bald nach seiner eigenen Wahl, nämlich zu Ostern 1028, seinen (einzigen) Sohn Heinrich zum (Mit-)König wählen und krönen. Damit war sichergestellt, daß nach dem Tod des alten Königs kein Interregnum eintritt und die Herrschaft ohne weitere Wahl nahtlos auf den jungen König übergeht. Und so war es in der Tat dann auch, als 1039 Kaiser Konrad II. starb und Heinrich als König Heinrich III., zweiundzwanzig Jahre alt, die Herrschaft antrat.

Seine Regierungszeit sollte die letzte große Blüte mittelalterlicher deutscher Königsmacht bilden.

Siebentes Kapitel

Im siebenten Kapitel besteigt ein intellektueller Friedensfürst den Thron – im Kloster von Cluny wird eine Überlebensstrategie für die Kirche entwickelt – das Faustrecht beherrscht das Hohe Mittelalter – von Donnerstag bis Sonntag wird fortan nicht mehr aufeinander eingedroschen – Heinrich III. nimmt die deutsche Weltstunde mit ins Grab.

König Heinrich III. war – im Gegensatz zu seinem, milde gesagt, eher dem Praktischen zugeneigten Vater – ein gebildeter Mann, ein Intellektueller auf dem Thron, dennoch kein versponnener Visionär wie Otto III., sondern ein Realpolitiker, ehrlich und tadelfrei, dabei überzeugt von seiner Sendung und von der Heiligkeit des Herrscheramts, bestrebt, das Beste für das Reich und die Christenheit zu bewirken, wobei er das Mögliche erkannte und das Unmögliche unterließ. Daß, wie bei allen Großen, auch dunkle Flecken auf seinem Wams zu finden sind, sei nicht verschwiegen. Er war, meine ich, die bedeutendste Herrschergestalt des deutschen und vielleicht nicht nur des deutschen Mittelalters, er war – soweit in jenen Zeiten überhaupt möglich – ein Friedensfürst, und da seine Taten keine kriegerischen Heldentaten waren, sein Wirken nur komplex zu erfassen ist, erscheint sein Bild in der Geschichte nur blaß. Denn auch die ernsthafte Historiographie liebt die grellen Farben, das dezentere Kolorit wird gern übersehen. Und auch für Heinrich III. gilt, daß solche Herrscher für ihre Untertanen die besten waren, von denen nichts Spektakuläres zu berichten ist.

Von der Situation der Kirche, vom verfaulten Papsttum, vom verrotteten Klerus jener Jahrhunderte war hier schon mehrfach beiläufig die Rede. Es scheint um die Jahrtausendwende die Meinung aufgekommen zu sein, und zwar von unten, daß es so mit dem christlichen Glauben nicht weitergehe. So entstanden viele von der Amtskirche bekämpfte religiöse Bewegungen, Vorläufer der großen Ketzerbewegungen des nachfolgenden Jahrhunderts, die zwar vielleicht verstiegene und abergläubische Vorstellungen kultivierten, aber durchwegs anständiger und christlicher waren als Papst, Kurie und Klerus – von diesen natürlich als Häretiker verdammt. Ein Schatten fällt auf jede Biographie, leider auch auf die Heinrichs III.. Im Jahr 1050 ließ er gnadenlos eine Gruppe von lothringischen »Ketzern« hängen.

Doch auch innerhalb der Kirche kam es zu Reformbewegungen. Als die bedeutendste ist die anzusehen, die vom Kloster Cluny in Burgund ausging. Es ist hier nicht der Raum, die Geschichte der clungazensischen Bewegung darzustellen. Nur soviel: sie wollte die Kirche von innen heraus reformieren. Es ist ihr gelungen. Ohne dieses Sich-Aufraffen eines Teils des zunächst unteren und mittleren Klerus, das dann bis in die Spitzen drang und durch die (oft deutschen) Reformpäpste endlich wieder das Ansehen der Kirche zeitweilig einigermaßen zurechtrüttelte, hätte die Kirche nicht überlebt. Ob es umgekehrt besser gewesen wäre, sei dahingestellt. Die Lehre vom »gerechten Krieg«, die Ideologie der Zulässigkeit gewaltsamer Bekehrungen, der katholische Antisemitismus u. ä. wurden freilich auch von den Clungazensern nicht in Frage gestellt.

König Heinrich III. stand persönlich und aus Überzeugung der Reformbewegung von Cluny nahe. Inbesondere seine zweite Frau, die südfranzösische Herzogstochter Agnes von Poitou, war erfüllt von der Notwendigkeit und Richtigkeit des clungazensischen Weges, den päpstlichen Augiasstall auszumisten. Enge Beziehungen unterhielt das Kaiserpaar zu dem Reformtheologen Petrus Damiani und zum berühmten Abt Hugo von Cluny, den sie sogar zum Taufpaten ihres ältesten Sohnes Heinrich erwählten. (Dieser Heinrich sollte später der Kirche größere Sorgen bereiten.) Heinrich besetzte vakant werdende Bischofsstühle (nicht nur in Deutschland, auch in Italien, als dessen König er ja auch galt) mit zuverlässigen Männern seiner Wahl. War sein Vater, Konrad II., nicht ganz unempfänglich gegen – vorsichtig ausgedrückt – dankbare Zuwendungen von Bischöfen, die er ernannt hatte, gewesen, so konnte Heinrich III. nicht der leiseste Vorwurf der Simonie, also des Ämterverkaufs, gemacht werden. Von noch größerer Wirkung waren die reinigenden Synoden, die Heinrich einberief (beide im Jahr 1046, die eine in Sutri, die andere in Rom). Die verrottete Kirche beugte sich der tadelfreien Autorität des – im Übrigen abergläubisch-frommen – Kaisers; der Vorwurf der Einmischung in innerkirchliche Angelegenheiten wurde nicht erhoben, damals nicht, dafür später um so heftiger.

Um seine kirchenpolitischen Reformen zu befördern, setzte er auf seinem Italienzug (1046), auf dem er dann auch die Kaiserkrönung empfing, den korrupten Silvester III. ab und ernannte nacheinander vier reformbestrebte Prälaten zu Päpsten: Bischof Suidger von Bamberg (= Clemens II.), Bischof Poppo von Brixen (= Damasus II.), Bischof Bruno von Toul (= Leo IX.) und Bischof Gebhard von Eichstätt (= Victor II.); letzterer überlebte Heinrich um ein Jahr, und da 1057 als Nachfolger für Victor II. der deutsche Abt von Monte Cassino, Prinz Friedrich von Lothringen, zum Papst gewählt wurde (Stephan X.), lebte Heinrichs Reformbestrebung weiter bis zu Stephans X. reformerischem Mitstreiter und späterem Nachfolger Hildebrand, der 1073 als Gregor VII. den päpstlichen Thron bestieg und die Reform in einer Weise fortführte, die Kaiser Heinrich III. weder geahnt noch gewollt hatte.

*

Kriege, Schlachten, Kuriositäten und Anekdoten, Familiengeschichten und Einzelschicksale sind leichter zu erzählen und stellen sich daher in der Geschichtsschreibung und damit im – sofern überhaupt vorhandenen – historischen Bewußtsein griffiger dar als das allgemeine Umfeld der historischen Situation – jener heute unsichtbar gewordene Fluß der Lebensströmungen im Volk und in der Welt, die für den einzelnen oft von größerer Bedeutung waren als die Frage, wer gerade die Kaiserkrone trug.

Die Zeiten im sogenannten Hohen Mittelalter, in jenem Jahrhundert also, von dem hier die Rede ist, waren schlechter geworden. Nicht, daß förmlich rechtloser Zustand herrschte, aber das Recht wurde nicht mehr oder nur unvollkommen angewandt. Leben, körperliche Unversehrtheit, Ehre und Eigentum des kleinen Mannes wurden zunehmend unsicher. Die Situation um das Jahr 1000 – genau läßt sich so etwas selbstredend nie festhalten – dürfte vom Faustrecht, vom Krieg jedes gegen jeden, nicht mehr sehr weit entfernt gewesen sein. Das betraf nicht nur die immer mehr Bedeutung erlangenden Ritter und Barone, die sich hauptsächlich damit zu beschäftigen schienen, einander zu befehden, das galt für die aufkommenden Städte wie auch für die ländlichen Nachbarschaften, in denen vom rechtlich-friedlichen Leben nicht mehr die Rede sein konnte.

Dennoch ist es falsch, vom »finsteren Mittelalter« zu reden, denn ein wirklich »lichtes« Zeitalter hat es in der Menschheitsgeschichte wohl überhaupt nie gegeben.

Ich vermute, daß damals der Zeitpunkt gekommen war, in dem die Informationsmittel, die Durchsetzungsmöglichkeit, die juristischen Infrastrukturen nicht mehr mit der seit etwa dem achten Jahrhundert ständig wachsenden Bevölkerungszahl Schritt halten konnten. Ein großflächiges, gruppendynamisches Phänomen also, das in der Geschichte öfters zu beobachten ist.

Die Entwicklung blieb den Mächtigen, den Regierenden, nicht verborgen, und als die Zustände so unhaltbar wurden, daß Gefahr bestand, allerhöchste persönliche oder finanzielle Interessen könnten berührt werden, steuerte man dagegen. Das Wundermittel, das überraschenderweise tatsächlich wirkte, hieß »Gottesfrieden«, lateinisch »Treuga Dei«. Die Bewegung ging – in den letzten Jahrzehnten des zehnten Jahrhunderts – von Frankreich aus. Kaiser Heinrich III. griff den Gedanken, der allerdings vorher schon auch Deutschland erfaßt hatte, mit großem Ernst auf und verkündete ein förmliches Friedensprogramm.

Unter »Gottesfrieden, Treuga Dei« verstand man ein christlich sanktioniertes Friedensgebot, das klar und scharf umgrenzt war, wenngleich die Ausformungen zeitlich und geographisch verschieden waren und wechselten. Es wurde verboten, Frauen, Kindern, Greisen und ihrer unbewaffneten Begleitung Gewalt anzutun, unbewaffnete Geistliche anzugreifen usw. Es war mit dem »Anathema!« (dem Kirchenfluch) bedroht, von Donnerstag bis Sonntag Krieg und Fehde zu führen, auch an gewissen Feiertagen. (Die Verbote wurden paragraphenweise festgelegt, etwa auf dem Konzil von Narbonne 1054.) Diese Friedenszeit – Donnerstag bis Sonntag, jeweils einschließlich – wurde mit Jesu Leidenszeit vom letzten Abendmahl bis zur Auferstehung begründet. Diese Friedenszeiten wurden später noch erweitert, so daß zuletzt nur achtzig Tage im Jahr übrigblieben, in denen aufeinander eingedroschen werden durfte.

Man fragt sich natürlich, warum man nicht Krieg, Kampf und Fehde überhaupt verboten hat? *Dies* wäre nicht befolgt worden, das wäre ein Gesetz gewesen, das weiter gegangen wäre, als daß es befolgt werden hätte können. Der Mensch kann ganz ohne den Knüppel nicht leben. Der »Gottesfrieden« war sozusagen maßvoll: er schränkte nur ein. Und er wurde in der Tat, so erstaunlich es ist, im Großen und Ganzen befolgt, dank des christlichen Aberglaubens, der hier segensreich wirkte, nämlich der Furcht vor Anathema und Bannfluch. (Staatliche Sanktionen waren nicht vorgesehen.) Freilich gab es Friedensbrüche, das scheint jedoch recht selten vorgekommen zu sein, und freilich prügelten manche in den achtzig zulässigen Tagen, die verbotene Zeit aufholend, das Doppelte – aber insgesamt wirkte die »Treuga Dei«, wirkte fort, bis etwa im dreizehnten Jahrhundert jene erwähnten rechtlichen Infrastrukturen aufgeholt hatten.

Daß diese Befriedung der inneren Zustände von enormer ökonomischer Wirkung waren, liegt auf der Hand, von Wirkung auf das, was man heute Lebensqualität nennt. Vielleicht war das das wichtigste Verdienst, das diesem eher – historiographisch gesehen – stillen und ein wenig farblosen Kaiser Heinrich III. zukommt.

*

Die Erzählung der Geschichte Kaiser Heinrichs III. wäre nicht vollständig ohne die Erwähnung jener Stadt, die er zu seinem bevorzugten Aufenthalt machte: Goslar. (Eine förmliche Residenz hatten die deutschen Könige nie, auch später nicht.) Heinrich III. bedachte Goslar mit Privilegien, erweiterte die Pfalz, förderte den Silberbergbau im Harz aus naheliegenden Gründen, stiftete den Dom St. Simon und Juda. Das von ihm erbaute »Kaiserhaus« (im neunzehnten Jahrhundert stark renoviert) ist, im Kern, das älteste erhaltene Profangebäude auf deutschem Boden. Daneben galt der Stadt Speyer die Aufmerksamkeit des Kaisers. Dort setzte er den von Konrad II. begonnenen Dombau fort und bestimmte dessen Krypta zur Grabstätte der salischen Könige.

Am 5. Oktober 1056 starb Kaiser Heinrich III. in der Nähe von Goslar. Seine sterblichen Überreste wurden neben denen seinen Vaters im Dom zu Speyer begraben, sein Herz aber in der Ulrichskapelle des Doms von Goslar.

Fast jedes Volk, jeder Staat hat seine Weltstunde. Das spanische Siglo de Oro war das sechzehnte Jahrhundert, Schweden war eine Macht der damaligen Welt in der ersten Hälfte des siebzehnten, Frankreichs Stunde schlug im achtzehnten – heute haben wir die amerikanische. Wenn es je eine deutsche Weltstunde gegeben hat, so ist sie in jenem salischen halben Jahrhundert zu finden. Mit Kaiser Heinrichs III. Tod ging sie zu Ende. Von da an ging es mit der deutschen Geschichte nur noch bergab.

MITTELEUROPA
VOM 11. BIS 13. JAHRHUNDERT

IV. Teil

Herzogtümer mit Grenzen

Erstes Kapitel

Im ersten Kapitel wird zunächst eine emanzipatorische Regierungsfrage gestellt – eine Kindesentführung ändert das Machtgefüge – Herzogsein wird erblich – die Frage nach dem Gehorsam der wilden Sachsen wird endgültig geklärt – das von Petrus ererbte Hirtenamt wird mit göttlichem Recht versehen – König und Papst finden Gefallen an gegenseitiger Absetzung – Heinrich IV. wandert barfuß durch den Schnee, und der Papst erweist sich zunächst als altersstarrer Fundamentalist – die zur Dekoration gewordene Kaiserkrone wird durch Frostbeulen mit knapper Not gerettet.

Am Anfang des Niederganges, von dem am Schluß des vorangegangenen Teils dieser historischen Erzählung die Rede war, steht die weniger tragische als eher traurige Gestalt Kaiser Heinrichs IV. Im Gegensatz zu seinem Vater, dessen Name selbst bei Geschichtsinteressierten wenig Assoziationen weckt, verbinden sich mit dem Namen Heinrich IV. – der die längste Regierungszeit aller mittelalterlichen deutschen Könige aufwies, nämlich genau fünfzig Jahre – sogleich die Begriffe »Investiturstreit«, »Canossa« und der Name seines Gegenspielers, des Papstes Gregor VII.

Heinrich, der einzige den Vater überlebende Sohn Heinrichs III., wurde, gegen gewisse Widerstände der Fürsten, 1053, gerade drei Jahre alt, zum Mitkönig gewählt und 1054 in Aachen gekrönt. Als Heinrich III. 1056 starb, war – nun: –

König Heinrich IV. erst sechs Jahre alt, weswegen seine Mutter Agnes von Aquitanien die Regentschaft übernahm. Sie versuchte, im Stil Heinrichs III. weiterzuregieren, hatte jedoch nicht die Autorität. (Ob in der Tat nicht oder nur, weil man sie ihr als einer Frau nicht zubilligen wollte, bleibe als unerklärbar dahingestellt. Wie immer wird Wechselwirkung vorgelegen haben.)

Es rührte sich die Opposition der Fürsten und Bischöfe, die – mit Recht – die endgültige Beschneidung ihrer Rechte fürchteten und daß sie und ihr Amt (und damit ihre Pfründe und ihr Einfluß) zur Bedeutungslosigkeit schrumpfen, sollte die starke Politik Heinrichs III. auf Dauer fortgeführt werden. Der bis heute währende Partikularismus begann.

Ob dieser Partikularismus als letztendlicher Krebsschaden des deutschen Reiches zu betrachten ist oder als ebenso letztendliches Glück für das Fortleben der vielfältigen deutschen Stämme-Buntheit, sei auch dahingestellt. Die Aufgabe des historischen Erzählers ist der Bericht, nicht die Meinung.

Anführer der fürstlichen Opposition war der Erzbischof Anno II. von Köln. Er war einer der Hofkapläne Heinrichs III. gewesen und vor seiner Erhebung zum Erzbischof Stiftspropst in Goslar. Seine Erhebung im März 1056 war eine der letzten Bischofsernennungen Kaiser Heinrichs III. Im Jahr 1062 entführte Erzbischof Anno den eben elfjährigen Knaben-König in einem Handstreich aus der Pfalz Kaiserswerth (am Niederrhein bei Xanten) und schaltete damit die Kaiserin-Witwe von der Regentschaft aus. Welche Folgen derartige Dinge, die Behandlung als Macht-Fetisch, für die Psyche eines Kindes hat, war dem Kirchenfürsten wohl keine Überlegung wert. Interessant in dem Zusammenhang ist eben auch dieser Fetischismus: nur der ist befugt, die Macht auszuüben, der sich der Person des unmündigen Königs bemächtigt. Die Realität war Voraussetzung für die Legitimation. Eine Schicht darunter ist dieser Fetischismus bei den Reichsinsignien, namentlich der Krone, bemerkbar. Diesen toten Dingen hing ein sakrosanktes Charisma an, das auf die realen Gegebenheiten ausstrahlte. Erst im Lauf des fünfzehnten Jahrhunderts begann langsam die Abstraktion von den *Dingen*.

Nun also regierte Erzbischof Anno anstelle des »unfähigen Weibes«, das noch dazu eine »Welsche« war, aber schon 1065 wurde der König (fünfzehnjährig) durch die Schwertleite für majorenn erklärt, und er begann tatsächlich gewisse Regierungsgeschäfte selbst in die Hand zu nehmen, was ihm, dem legitimen, wenngleich noch grünen König niemand verwehren konnte. Insbesondere drängte Heinrich Anno von Köln aus seiner – nunmehr nur noch – Berater- und Ministerstelle; ein anderer Prälat, Bischof Adalbert von Bremen, gewann den entscheidenden Einfluß auf den König. Aber Adalbert, ein ausgreifender, sprunghafter und auf Mehrung seiner weltlichen Macht gieriger Herr machte sich bei den weltlichen Fürsten so unbeliebt, daß diese den König im Januar 1066 auf der Reichsversammlung zu Tribur (einer Pfalz in Hessen) erfolgreich drängten, Adalbert zu entlassen.

Um die Ereignisse der folgenden Jahre zu erklären, ist ein Wort über die Herzogsgewalt und die Herzogtümer notwendig. Von Karl dem Großen abgeschafft und zu Grafschaften, also kleineren Verwaltungseinheiten zerstückelt, lebten sie mehr oder weniger als Stammesfürstentümer unter den späteren Karolingern wieder auf, waren ihrem rechtlichen Charakter nach Amtsherzogtümer, d.h., so wenig wie das Königsamt de jure erblich war, so wenig waren es die Herzogtümer. Der König setzte die Herzöge ein (und gelegentlich wieder ab, was selten ohne Blutvergießen vor sich ging), wobei allerdings oft der Sohn oder Bruder des vorangegangenen Herzogs ein gewisses Anwartschaftsrecht hatte. Sieben Herzogtümer gab es (die Zahl ist, wie man sehen wird, mit Vorbehalt zu betrachten): Bayern, das sich im Wesentlichen mit dem alten bajuwarischen Stammesgebiet deckte, also von der Donau bis zum Gardasee reichte; Schwaben, das auch die deutsche Schweiz einschloß; Franken, das es allerdings zu Heinrichs IV. Zeiten praktisch nicht mehr gab (hier schalteten die Bischöfe von Würzburg und Bamberg); Kärnten, ein relativ kleines Herzogtum ohne Stammesrückhalt, das bis ins heutige Ungarn und Slowenien hineinreichte; das wohl flächenmäßig größte Herzogtum Sachsen, das das heutige Niedersachsen samt Westfalen, Thüringen und die Marken Meißen und Lausitz umfaßte; das langsam nach Frankreich hin sich orientierende Lothringen, dessen nördlicher Teil sich als Herzogtum Brabant abspaltete, so daß unter Lothringen in der Folge nur noch Oberlothringen zu verstehen ist; und zuletzt das dem Reichsverband nur bedingt angehörende Herzogtum Böhmen, von dem noch die Rede sein wird.

In Böhmen und in Ober- sowie in Niederlothringen war die Herzogswürde zu Heinrichs IV. Zeit faktisch bereits erblich geworden (und blieb so), und das gleiche gilt, was für die deutsche Geschichte folgenreicher sein sollte, für Sachsen. Bayern und Schwaben blieben noch reine Amtsherzogtümer, die der König nach seinem Willen besetzte. Es versteht sich ohne weiteres, daß die Königsmacht dort, wo das Herzogtum erblich wurde und die Herzöge zwar immer noch de jure dem König unterstanden, de facto jedoch aus eigenem Recht herrschten, erhebliche Einschränkungen hinnehmen mußte.

In Sachsen stellte schon seit 961 die Familie der Billunger die Herzöge: Hermann, Bernhard I., Bernhard II., Ordulf und seit 1072 Magnus. Schon die Heiratsverbindungen der Billunger weisen darauf hin, daß sie sozusagen bereits international dachten: Magnus' Mutter war eine dänische Königstochter, und Magnus hatte 1071 Sophie, die Tochter König

Bélas I. von Ungarn, geheiratet. Aber dazumal war eigentlich die große Zeit der Billunger schon vorbei. Dennoch bildete dieses Herzogtum den Herd einer Insurrektion gegen den König, die 1073 zu einem regelrechten Bürgerkrieg ausartete. Der Kopf dieses Aufstandes war ein bayrischer Herzog, der seiner Herkunft nach Sachse war: Graf Otto von Northeim.

Dieser Graf, aus einer Familie, die mächtige Güter in der Nähe von Goslar erworben und erheiratet hatte, gehörte zum engeren Kreis um die Kaiserin-Witwe Agnes, die ihm 1061, also kurz vor ihrer Verdrängung aus der Regentschaft, das Herzogtum Bayern verlieh. (Die Schreibweise Bayern ist im Zusammenhang der Erzählung hier ein Anachronismus. Bis ins neunzehnte Jahrhundert galt die Schreibweise »Baiern«.) Offenbar schwenkte Otto ins Lager Annos von Köln, nachdem dieser den kindlichen König in seine Gewalt gebracht hatte, erwarb sich militärische und diplomatische Verdienste im Feldzug gegen die Ungarn 1062, bei einem neuen gewaltsamen Bekehrungskrieg gegen die Wenden 1069 und auf Gesandtschaften nach Italien. 1070 wurde aber ein Hochverratsprozeß gegen ihn angestrengt. Den genauen Inhalt des Vorwurfs kennt man nicht, und so ist es unklar, ob seine Verurteilung rechtens war oder nicht. (Verschiedentlich wird in historischen Darstellungen eine grundlose Anklage aus Neid vermutet.) Otto wurde der Herzogswürde für verlustig erklärt, der Welfe Welf IV. – mildernder Umstand: das war Ottos Schwiegersohn – wurde neuer Herzog. Das geschah alles unter der Ägide Bischof Adalberts als Berater des jungen Königs.

Otto kehrte in seine Grafschaft zurück und schürte die ohnedies vorhandene Unzufriedenheit der Sachsen. Diese Unzufriedenheit hatte Gründe, die wohl bis in die Tiefen der Erinnerung an die Sachsenschlächterei Karls des Großen zurückreichte, aber auch aktuelle Anlässe. Schon Heinrich III. hatte begonnen, um Goslar eine ausgedehnte, aus dem sächsischen Herzogtum herausgenommene Hausmacht zu befestigen, hatte einen Ring von Burgen errichtet, die alle von den Sachsen verhaßten schwäbischen Ministerialen des Königshauses befehligt wurden, und hatte Miene gemacht, dort etwas einzurichten, was es bisher nicht gab: eine feste königliche Residenz. Sie wäre ein unerträglicher Pfahl im Fleisch des Stammesherzogtums gewesen.

1073 brach der offene Krieg aus. Neben Otto war Bischof Burchard II. von Halberstadt ein Haupt der Unzufriedenen. (Herzog Magnus Billung spielte eine eher untergeordnete, etwas zwiespältige Rolle.) Der König und Bischof Adalbert – den die Sachsen wohl als eigentlichen Feind ansahen – waren unvorbereitet, sahen sich einem starken sächsischen Heer gegenüber und mußten fluchtartig die Veste Harzburg verlassen. Im Westen rüstete Heinrich dann ein Heer, das kümmerlich gewesen sein dürfte, denn er ließ sich, ohne daß es zu einer Schlacht gekommen wäre, zum Frieden von Gerstungen (1074) herbei, in dem er klein beigab. Vor allem versprach er, seine Burgen um Goslar und im Harz schleifen zu lassen, zeigte aber dann, als sich das sächsische Heer vorderhand verlief, keine Eile mit der Erfüllung seiner Verpflichtung. Das brachte die Sachsen wieder gegen ihn auf, Bauernhaufen stürmten die Harzburg und schlugen dort alles kurz und klein. (Es war das erste Mal in der deutschen Geschichte, daß Volkszorn gegen die Oberen zum Ausbruch kam, wenn auch hier in diesem Fall zu vermuten ist, daß die Bauern von den Leuten Ottos von Northeim oder von ihm selber angestachelt waren.)

Heinrich IV. suchte nun und fand Rückhalt bei den Herzögen von Bayern und Schwaben, konnte ein größeres Heer aufstellen und schlug am 9. Juni 1075 bei Homburg an der Unstrut die Sachsen und Thüringer so vernichtend, daß sich

Otto von Northeim und seine Verbündeten bedingungslos dem König unterwerfen mußten.

Aber Otto von Northeim kam glimpflich davon. Er behielt seine Hausgüter, durfte sogar wieder am Hof erscheinen. Der König mußte versuchen, im Reich wenigstens einen labilen Friedenszustand zu erhalten, denn es dräute sich das zusammen, was bald die ganze politische Lage erschüttern sollte: der Investiturstreit.

*

Am 22. April 1073 war nach dem Tod Papst Alexanders II. nicht durch Wahl, sondern durch Akklamation des Volkes (d. h. die versammelten Römer brüllten und schrien) der Mönch Hildebrand zum Papst aufgestiegen. Nach nur einigermaßen strengen Maßstäben gemessen, war Hildebrands Wahl unkanonisch.

Hildebrand stammte aus kleinen Verhältnissen (seinem Namen nach wohl aus langobardischer Familie) und hatte eine Zeitlang entweder in Cluny selbst oder in einem anderen Reformkloster gelebt. Danach hatte er, als Graue Eminenz, zielstrebig an seiner Karriere gebastelt, wobei er vor wenig Mitteln zurückschreckte. Einige Male verzichtete er aus scheinbarer Bescheidenheit darauf, zum Papst gewählt zu werden, und beförderte ihm willige Kreaturen auf den Petersthron. 1073 sah er aber seine Stunde gekommen und ließ sich herbei, selber Papst zu werden. Er nahm den Namen Gregor VII. an.

Er hat seit jeher eine gute historische Presse, wohl, weil er von den meisten seiner Vorgänger und Nachfolger insofern günstig abstich, als er tatsächlich, sofern es seine weltlichen Absichten nicht störte, den Übelständen in der Kirche entgegentrat. Im Übrigen war er ein machtgieriger, lügnerischer, scheinheiliger und eidbrüchiger Charakter, der sich, zum Beispiel, nicht scheute, die mohammedanischen Sarazenenhorden in Sold zu nehmen, um seine christlichen Brüder aus Rom zu verdrängen. Groß war Gregor VII. nur als Schurke.

Er folgte zunächst aber den nicht anders als ehrenwert zu bezeichnenden Ideen Kaiser Heinrichs III. und der deutschen Reformpäpste, die Gregor den Weg bereitet hatten. Was Heinrich sicher nicht gewollt hat, war, daß sich die Reform gegen das Kaisertum und gegen das Reich richten werde. Gregor betrachtete – mit einigem Recht – nicht nur Simonie und Unzucht des Klerus, sondern auch jede Einmischung weltlicher Mächte in religiöse Angelegenheiten als Verderbnis des wahren Glaubens, so wie man die verderbte Lehre Christi inzwischen verstand. Gregor vertrat mit rücksichtsloser Konsequenz die Meinung, daß das Hirtenamt des Papstes über jeder weltlichen Gewalt, auch über der des Königs und des Kaisers stehe. Der Papst, so Gregor, sei der höchste Richter auf Erden, der über Glauben, Sitte und Ordnung, auch über die weltliche Ordnung zu wachen habe. Unter diesem Aspekt war es für Gregors Reformgedanken natürlich eine krasse Anmaßung, wenn der Kaiser Äbte, Bischöfe, Erzbischöfe und selbst Päpste nach seinem Willen ein- und absetzte. (Daß gerade durch diese »Anmaßung« Kaiser Heinrichs III., nämlich die Einsetzung würdigerer Bischöfe und der ersten Reformpäpste, diese Wendung erst ermöglicht wurde, entbehrt, wie man sieht, nicht einer gewissen Ironie.) Im März 1075 legte Gregor sein Reformprogramm in den siebenundzwanzig Leitsätzen seines »Dictatus papae« nieder. Einer dieser Leitsätze besagte, daß es dem Papst gestattet sei, kraft göttlichen Rechts Könige und selbst den Kaiser abzusetzen. Im Grunde genommen eine bodenlose Pfaffenfrechheit.

Als Heinrich IV., der übrigens – ein seltener Fall unter hohen Herren – lesen und schreiben konnte und überhaupt gebildet war, die für ihn bestimmte Abschrift erhielt, erfüllte sich sein Gemüt, milde gesagt, mit Unmut. Er ging auf Konfrontationskurs. Wollte er die Reichspolitik seines Vaters und Großvaters fortsetzen, d.h. auf Kosten der weltlichen Fürsten durch gezielte Besetzung der geistlichen Fürstentümer (also der Abteien und Bistümer) der Erblichkeit der Herzogswürden entgegenarbeiten und die zentrale Königsgewalt stärken, so konnte er nicht anders, als auf Konfrontationskurs gehen; er glaubte, sich diesen Kurs leisten zu können, weil er durch den Sieg im Sachsenkrieg den Rücken frei hatte.

Er täuschte sich. Die Neubesetzung einiger deutscher und italienischer Bischofsstühle (darunter des so wichtigen zu Mailand) gab den Anlaß. Gregor rüffelte im Dezember 1075 den König wie einen Schulbuben, worauf der König unverzüglich eine Synode deutscher Bischöfe nach Worms einberief (24. Januar 1076), die sich erfrechte, Papst Gregor VII. für abgesetzt zu erklären. Gregor dürfte getobt haben. Er exkommunizierte daraufhin Heinrich, der damit aus der Kirche ausgeschlossen war und nicht mehr als Christ galt und sohin nach mittelalterlicher Staatsauffassung nicht mehr König sein konnte. Also war Heinrich vom Papst abgesetzt, alle seine Untergebenen von ihrem Treueeid entbunden.

Die deutschen Fürsten erkannten ihre Chance. Wenn dem König die Besetzung der geistlichen Fürstentümer, der Stein des Anstoßes, nicht mehr möglich sein werde, läge der stetigen Mehrung der Territorialgewalt nichts mehr im Wege. Also fanden sie sich zu einer – nicht vom König einberufenen – Reichsversammlung zu Tribur zusammen. Heinrich lagerte mit seinen Leuten gegenüber in der Stadt Worms.

Mit dem allen hatte er offenbar nicht gerechnet. Die Fürsten traten voll auf die päpstliche Seite und machten Miene, einen neuen König zu wählen. Nicht genug damit, ergriff drüben in Sachsen Otto von Northeim sofort die Gelegenheit und plante neue Aufstände. Heinrich sah keine andere Möglichkeit als nachzugeben. (Vielleicht hätte er gern in die Fürstenbande dreingeschlagen – aber dazu fehlten die Mittel.) Heinrich erklärte, sich dem Papst zu unterwerfen, Buße zu tun, um wieder in die Kirche aufgenommen zu werden, seine Räte, soweit sie nicht päpstlich gesinnt waren, zu entlassen und die Beschlüsse der Synode von Worms, also die – ohnedies wirkungslose – Absetzung Gregors zurückzunehmen.

Damit, also daß sich Heinrich, nur um seine Krone auf Kosten der Reichsidee zu retten, so bedingungslos unterwerfen werde, hatten wohl wiederum die Fürsten nicht gerechnet. Sie trafen ein Geheimabkommen: wenn Heinrich nicht binnen eines Jahres vom Kirchenbann gelöst ist, wird ein neuer König gewählt.

Selbstverständlich erfuhr Heinrich von diesem Abkommen, so geheim es auch sein mochte. Die verhängnisvolle Versammlung zu Tribur hatte im Oktober 1076 stattgefunden. Am 2. Februar 1077 sollte in Augsburg ein weiterer Reichstag stattfinden, auf dem die Fürsten ihre Entscheidung treffen wollten. Also war Eile geboten.

Die Fürsten hatten Papst Gregor VII. eingeladen, nach Deutschland auf diesen Reichstag zu kommen, um die zu fassenden Beschlüsse abzusegnen. Der Papst sagte zu und war schon unterwegs. Heinrich beschloß, den Papst noch in Italien abzufangen, um die Lossprechung vom Bann zu erwirken und so den Fürsten zuvorzukommen. Es zeigte sich Heinrichs Ohnmacht. Er konnte nicht den direkten Weg über Tirol oder die Schweiz nehmen, weil die Herzöge von Bayern und Schwaben die Alpenpässe für ihn gesperrt hatten. Er mußte den Umweg über Burgund machen. Dortige Magnaten, vor allem Freigraf Wilhelm von Burgund, waren mit ihm verwandt und ihm zumindest nicht feindlich gesinnt. Heinrich war von seiner Frau Bertha (einer Gräfin von Savoyen), seinem zweijährigen Sohn Konrad und einem kleinen Gefolge begleitet. Es sollte ja kein Kriegszug werden. Dennoch scheint Gregor erschrocken zu sein, als er erfuhr, daß Heinrich – über den Mont Cenis – in Italien eingetroffen war. Gregor war bis Mantua gekommen, und nun floh er, grundlos ängstlich, auf die feste Burg Canossa in der Nähe von Reggio-Emilia. (Von der Burg sind heute nur noch geringfügige Reste erhalten. Ein kleines Museum birgt Erinnerungsstücke an jene historischen Vorgänge.) Canossa gehörte einer mächtigen italienischen Potentatin, der Markgräfin Mathilde von Tuszien, die an sich zum päpstlichen Lager gehörte und mit dem Papst – wie weit in Ehren ist ungewiß – befreundet war, aber sie war insofern auch dem König (ihrem Lehensherrn de jure) gegenüber nicht illoyal, als sie ihm eine andere Burg in der Nähe (Bianello) einräumte.

Das Auftauchen Heinrichs in Italien war insgesamt für den Papst nicht überraschend. Das zeigt sich daran, daß eine hochrangige Versammlung von Kirchenfürsten auf Canossa weilte, dazu die moralische Autorität des Jahrhunderts: Abt Hugo von Cluny in Person.

Am 25. Januar 1077 erschien Heinrich im Bußkleid und barfuß vor dem Schloßtor und bot ein Bild des Jammers. Der Papst – obzwar erst 57 Jahre alt aber dennoch, scheint's, schon altersstarr und, nach heutigen Begriffen, ein Fundamentalist – blieb hart. Heinrich wiederholte am 26. und am 27. seinen Bußgang. (Er hatte den 25. Januar gewählt, weil das der Tag »Pauli Bekehrung« ist, was Heinrich symbolträchtig und günstig erschien.) Die Vorhaltungen der offenbar versöhnlich gestimmten Markgräfin Mathilde und des Hugo von Cluny bewirkten endlich, daß der Papst Milde walten ließ. Er sprach, nachdem Heinrich alles beschworen hatte, was Gregor wollte, den König vom Bann los, nahm ihn wieder in die Kirche auf und reichte ihm das Abendmahl.

Die Szene: der büßende Heinrich barfuß im Schnee vor dem Burgtor, ist vielfach – meist in romantischer Überhöhung – dargestellt und besungen worden. Ernst von Wildenbruch hat ein Canossa-Drama verfaßt, Heinrich wurde hier als tragischer Held dargestellt, in anderen Werken der deutschnationalen Literatur als wehrloses Opfer des tückischen römischen Papstes. In dem Sinn ist auch Bismarcks zum Zitat gewordenes Wort aus einer Reichstagsrede von 1872 zu verstehen: »Nach Canossa gehen wir nicht.«

In Wirklichkeit war das Verhalten Heinrichs nicht anders als jämmerlich zu nennen. Nur um sich und seinem Haus die ohnedies fast nur noch zur Dekoration gewordene Krone zu sichern, nahm er die Frostbeulen an den Füßen in Kauf. Hätte er sich – wie sein später Enkel Friedrich August IV. von Sachsen: »Macht Eiern Dregg alleene!« – schmollend auf seine beträchtlichen und mehr als ausreichenden Hausgüter zurückgezogen und Papst Papst und Bann Bann sein lassen, wäre er berechtigter Hochachtung sicher. Die Integrität der Königsgewalt freilich war damals so oder so schon verspielt.

Über das eigentlich die ganze Sache auslösende Problem, nämlich die Investiturfrage, wurde in Canossa seltsamerweise überhaupt nicht gesprochen.

Zweites Kapitel

Im zweiten Kapitel nutzt der Papst die Situation aus, um im Trüben zu fischen – der Kirchenbann wird zum beliebten politischen Schachzug – die Gegenspieler nehmen überhand – die Engelsburg erweist sich als unknackbar – gelbäugige sarazenische Massenmörder und strohschopfige Normannen befreien Rom – bei der Erziehung von Heinrichs Söhnen scheint einiges schiefgelaufen zu sein – ein öffentliches Sündenbekenntnis wird von einem unglücklichen Alten verweigert.

Die Fürsten waren von der Entwicklung überrascht. Wahrscheinlich hatten sie darauf gezählt, daß der Papst hart bleibe. Nachdem der Plan der Reichsversammlung zu Augsburg im Februar 1077 obsolet geworden war, versammelten sie sich im Monat drauf in Forchheim, erklärten Heinrich trotz der Aufhebung des Bannes für abgesetzt und wählten einen neuen König: Rudolf von Rheinfelden, Herzog von Schwaben. Am 26. März wurde Rudolf in Mainz gekrönt.

Rudolf, burgundischer Abstammung, war ein Günstling der alten Kaiserin Agnes gewesen, und ihr verdankte er die Erhebung zum Herzog von Schwaben. Er war mit einer Tochter Heinrichs III. verheiratet, also Schwager Heinrichs IV., und nach dem Tod der ersten Frau heiratete er eine Schwester der Königin Bertha, wurde also wieder Schwager des Königs.

Noch in den Sachsenkriegen leistete Rudolf dem König treue Dienstc, schwenkte aber dann ins papstfreundliche Lager über, wo er – verdächtig eifrig – die Absetzung des Königs betrieb.

Und jetzt war er selber König. War er König? Mangels eines verbindlich festgelegten Wahlmodus ist die – im Übrigen heute natürlich uninteressant gewordene – Entscheidung darüber, ob Rudolfs Wahl legal oder illegal war, schwer zu treffen. In den Königslisten wird er als »Gegenkönig« geführt. Aber nach dem wenngleich nie fixierten Staatsverständnis der Fürsten war das deutsche Königtum ein Wahlkönigtum – wobei bisher nie ganz klar gesagt wurde, wer befugt war zu wählen. (Herzog Rudolf versprach übrigens vor der Wahl, worauf die Fürsten Wert legten, daß er auf jeden Erbanspruch für seine Nachkommen verzichte.) Zwar war das Königsamt auf Lebenszeit übertragen, doch die Könige selbst hatten ja – wenngleich unter ganz anderen Vorzeichen – bei ihren Lebzeiten andere Könige wählen lassen: nämlich ihre Söhne. Als ganz illegal kann also die Wahl Rudolfs nicht betrachtet werden.

*

Zunächst schien es so, als habe Heinrich durch die Absolution freie Hand und sogar Oberwasser bekommen. Als er nach Deutschland zurückkehrte, traten einige Fürsten auf seine Seite; Rudolf mußte sich nach Sachsen zurückziehen, wo der immer noch rührige und aufrührerische Otto von Northeim selbstverständlich sofort auf die Seite von Heinrichs Gegner trat. Wenn König Heinrich überhaupt eine Heimat hatte, so war es wohl Goslar, wo er – so ist zu vermuten – geboren wurde und die wenigen vielleicht glücklichen Jahre seiner Kindheit verbracht hatte. Und dort, in der Pfalz von

Heinrichs Vater und Großvater, residierte jetzt frech der andere König. Heinrich versuchte einerseits den Papst zu bewegen, ihn wieder als König anzuerkennen, anderseits die Sache diplomatisch, durch Verhandlungen, zu lösen. Für den Papst aber war Heinrich abgesetzt, die Lösung vom Kirchenbann betraf, so der Papst, nur den Menschen und Christen Heinrich, nicht den König. Anderseits war dem Papst auch kein Wort zur Anerkennung König Rudolfs zu entlocken. Der Papst nutzte also die Situation aus, um im Trüben zu fischen.

Verhandlungen zwischen den Gesandten der Könige mißlangen. Rudolf schlug zu, aber die Schlacht bei Mellrichstadt (7. August 1078) ging so aus, daß sich jeder als Sieger fühlen konnte, in Wirklichkeit jedoch jeder der Verlierer war; das gleiche gilt von der Schlacht bei Flarchheim in Thüringen, wo Heinrich durch einen damals völlig unüblichen Winterfeldzug Rudolf in seinem eigenen Kerngebiet schlagen wollte. Am dritten Jahrestag von Canossa, am 27. Januar 1080, kam es während eines Schneesturms zur Schlacht. Eher war diesmal Rudolf als Sieger zu betrachten, eine Entscheidung jedenfalls war nicht gefallen.

Nun entschied sich der Papst – nach dreijährigem Zögern – doch für Rudolf und erklärte ihn zum einzig rechtmäßigen deutschen König. Da Heinrich diesen Spruch natürlich nicht anerkannte, sich also in den Augen des Papstes als renitent zeigte, erneuerte dieser den Kirchenbann. Diesmal kümmerte sich Heinrich nicht um diesen drohenden Knüppel – und siehe da, er fuhr besser damit. Er hätte es das erste Mal schon so machen sollen.

Heinrich berief eine Synode der deutschen Bischöfe ein, die ja hauptsächlich seine Geschöpfe waren und somit groteskerweise auf königlicher und nicht auf päpstlicher Seite standen. Die Synode tagte in Brixen in Tirol, setzte Papst Gregor VII. ab und wählte den – von Gregor abgesetzten – Erzbischof Wibert von Ravenna zum Papst, der den Namen Clemens III. annahm.

Wiederum taucht die Frage nach der Legalität dieser Wahl auf. Die offizielle Papstliste im »Annuario Pontificio« zählt Clemens III. unter die nicht-kanonischen, also die sogenannten Gegenpäpste und verpaßt ihm eine verächtliche Klammer um die römische Zahl: Clemens (III.). (Clemens III. ohne Klammern wurde Paolo Scolari, 1187–1191.) Aber das kann füglich angezweifelt werden. Es gab eine, wenngleich schwammige, Papstwahlordnung, das Decret »In Nomine« Papst Nikolaus' II. von 1059. Dieser Wahlordnung entsprach weder die Wahl Gregors, der noch durch Volkszuruf »gewählt« worden war, noch die Clemens', den nur Bischöfe, nicht Kardinäle gewählt hatten.

Aber Clemens' Papstamt bestand ohnedies vorerst nur auf dem Papier.

Heinrich, der sich zum Mißvergnügen des (einen) Papstes nicht mehr um den Kirchenbann kümmerte, ging wiederum gegen Rudolf vor. Der hatte inzwischen durch seine nur halben Siege und seine halben Niederlagen in Sachsen viel an Anhängern und Rückhalt verloren, dafür hatte Heinrich in dem Herzog Vratislav II. von Böhmen einen neuen Verbündeten gefunden. Es kam zur Schlacht an der Elster in Sachsen (15. Oktober 1080), in der zwar wieder Rudolf so halb die Oberhand behielt, aber so schwer verwundet wurde, daß er noch am selben Abend starb.

Unvorsichtigerweise hatte Gregor VII. eine Prophezeiung von sich gegeben: daß Rudolf siegen und Heinrich untergehen werde. Das Gegenteil erwies sich nun als richtig. Heinrich konnte, trotz des militärischen Mißerfolges, als Sieger gelten, zumindest hatte er überlebt. Die antikönigliche Opposition war ratlos und verwirrt. Erst ein Jahr später raffte sie sich auf. Einige schwäbische und sächsische Große unter Anführung des abgesetzten Bayernherzogs Welf wählten den Grafen Hermann von Salm 1081 zum König. Von der Legalität dieser Wahl gilt das oben von der Wahl Rudolfs Gesagte. Die tatsächliche Situation war jedoch so, daß Heinrich seine Position erheblich festigen konnte. Offenbar stand ihm Gott trotz des Kirchenbannes bei, wie am schmählichen Ende König Rudolfs abzulesen ist. Rudolf war nämlich in der Schlacht die rechte Hand, die *Schwurhand,* abgeschlagen worden. Das posaunten die Anhänger Heinrichs als Gottesurteil hinaus. Das Königtum Hermanns blieb Schatten, und Heinrich glaubte freie Hand zu haben, um zum vernichtenden Schlag gegen Gregor auszuholen. 1081 zog er mit einem beachtlichen Heer, das zusammenzutrommeln ihm gelungen war, über die Alpen. Er belagerte insgesamt dreimal die Stadt Rom. Er konnte sie erst besetzen, als die Römer selbst, des unbequemen zelotischen Papstes Gregor überdrüssig, die Tore öffneten (1084). Gregor floh in die Engelsburg, die zu knacken Heinrich nicht möglich war. Im Gefolge Heinrichs kam auch *sein* Papst mit ihm, Clemens III. Die in Rom versammelten Bischöfe und ein Parlament der Römer erklärten nun Gregor in aller Form für abgesetzt und erkannten Clemens III. als einzigen rechtmäßigen Papst an. Der zog in den Lateran ein und krönte am Ostersonntag, der in dem Jahr auf den 31. März fiel, Heinrich in St. Peter zum Kaiser. Gregor schaute von der nur wenige hundert Meter entfernten Engelsburg zu.

(Wieder taucht die Frage der Gültigkeit auf. Sie ist an dieser Stelle so verknotet, daß jede Lösung unmöglich erscheint.)

Gregor gab nicht auf. Er, der in seinen Augen einzige Oberhirte der Christenheit, scheute nicht davor zurück, den noch halbwegs heidnischen Normannen Robert Guiscard, der inzwischen in Süditalien die Byzantiner endgültig vertrieben und die letzten langobardischen Herzöge beseitigt hatte, und sogar die mohammedanischen Sarazenen um Hilfe zu rufen. Robert rückte auch tatsächlich mit einem Heer strohschöpfiger Normannen und gelbäugiger sarazenischer Massenmörder heran. Heinrich – er bietet hier kein mannhaftes Bild – »erklärte (den Römern), daß die Geschäfte des Reiches ihn nach der Lombardei riefen, ermunterte die Bestürzten zum Widerstande, gab Hoffnung baldiger Rückkehr« (Gregorovius) – und zog unter Mitnahme seines Papstes ab.

Die Normannen und Sarazenen Robert Guiscards befreiten Rom nach tapferem Widerstand der zu Befreienden und hausten dann wie Befreier häufig. Aber das ist eine andere Geschichte.

Heinrich IV. kehrte zwar als Kaiser, wenngleich mit wenig Ruhm bedeckt, nach Deutschland zurück. Dort war wenigstens *ein* Pluspunkt zu verzeichnen: der alte Quertreiber Otto von Northeim war 1083 gestorben. Heinrich zog nach Sachsen und konnte den Gegenkönig Hermann vertreiben, der nach Dänemark floh. Und 1085 erreichte ihn die wohl schönste Nachricht für ihn: Gregor VII. war tot. Die Römer – soviel ihrer übrig geblieben waren – verziehen dem heuchlerischen Papst die »Befreiung« durch Normannen und Sarazenen nicht und verjagten ihn. Schmollend war er in den Machtbereich Guiscards geflohen, wo er – in Salerno – Krokodilstränen vergießend starb. Nach seiner Vertreibung konnte übrigens Clemens III. nach Rom zurückkehren und regierte die Kirche ganz im Sinn von Gregors Reformideen weiter.

*

Ein Ereignis des Jahres 1086 darf nicht unerwähnt bleiben. Das Herzogtum Böhmen gehörte, das war zumindest im Mittelalter unbestritten (tschechische Historiker des neunzehnten Jahrhunderts sahen es anders), zum deutschen Reich. Es hatte aber eine gewisse Sonderstellung als einziges nicht deutschsprachiges Land, worüber sich im ganzen Mittelalter niemand aufregte, und was zeigt, daß ein engerer Nationalismus damals unbekannt war. Die Herzöge wurden gewählt und in Prag inthronisiert. In Böhmen gab es kein Reichsgut, das dem König direkt unterstand. Heinrich IV. verlieh außerdem dem obenerwähnten Herzog Vratislav II. in Ansehung der treuen Dienste u.a. im Sachsenkrieg den – wohlgemerkt persönlichen – Königstitel. (Mit dem Tod Vratislavs II. erlosch der Titel; seine Nachfolger waren wieder nur Herzöge. Der Vorgang wiederholte sich 1158, aber ab 1198 wurde der Titel erblich. Es gab von da ab also, einzig im Reich, einen sozusagen königlichen Herzog, einen König zweiten Grades, der trotz seines titularen Ranges dem deutschen König nachgeordnet blieb. Eine weitere Sonderstellung erhielt der König von Böhmen, als er auch zu einem der sieben Kurfürsten aufstieg.)

Im Jahr darauf erwirkte Heinrich von den Fürsten die Wahl seines älteren Sohnes Konrad zum Mitkönig und Nachfolger. Damit fing Heinrichs finales Unglück an. Der junge, neunzehn Jahre alte König Konrad schloß sich 1093 der päpstlichen Partei an, trat in Verbindung mit Urban II., der als kirchenrechtlich legitimer späterer Nachfolger Gregors VII. auf die Beilegung des Investiturstreits im päpstlichen Sinn drängte, ließ sich zum König von Italien krönen und war entschlossen, seinen Vater – der ja immer noch im Kirchenbann lebte – zu beseitigen. Aber eine Reichsversammlung zu Mainz 1098 sah offenbar ein, daß das doch so nicht anging, und erklärte Konrad für abgesetzt, worauf dieser allen Anhang verlor und von der politischen Bühne verschwand. (Er starb 1101 in Florenz.)

Anstelle Konrads wählten die Fürsten dann den jüngeren

Sohn Heinrichs IV., Heinrich wie der Vater getauft, zum König und Nachfolger. 1099 wurde er in Aachen (dreizehn Jahre alt) gekrönt.

Offenbar war aber auch dieser Sohn schon bald der Meinung, sein Vater habe lange genug regiert. Er nutzte den Unmut bayrischer Adeliger aus, denen es nicht paßte, daß sich der Kaiser zunehmend auf die geringeren Volksschichten stützte, bei denen er scheint's beliebter war, vor allem auf die sogenannten Ministerialen, eigentlich eine Schicht gehobener Kammerknechte, die in den letzten Jahrzehnten zu Kleinadeligen von nicht unbedeutendem politischen Potential herangewachsen waren. Der junge Heinrich löste eine Lawine von Unruhen aus, die das ganze Reich ergriff. Der alte – gar nicht so alte: 56 war er – Kaiser reagierte, wie so oft, zaghaft und halbherzig. Der junge Heinrich nahm den Vater gefangen, führte ihn in Ingelheim (am 31. Dezember 1105) einer Fürstenversammlung vor, zwang ihn, seine Abdankung zu erklären und die Reichsinsignien auszuliefern. Diese Demütigung ließ Heinrich IV. noch über sich ergehen. Ein öffentliches Sündenbekenntnis verweigerte er. Am 5. Januar 1106 dann huldigten die Fürsten dem neuen König Heinrich V. Dem alten König gelang es, nach Holland zu entkommen. Von dort aus unternahm er fruchtlose Versuche, sein Königtum wiederherzustellen, mit der – juristisch unanfechtbaren – Begründung, seine Abdankung sei als erzwungen nichtig.

Doch niemand hörte mehr auf den unglücklichen Alten. Am 7. August 1106 starb er in Lüttich.

Drittes Kapitel

Im dritten Kapitel verglimmt die Reichsidee – die Füße Christi sorgen für allerlei Trubel – in Italien wird ein Jahrhundert lang kein Buch geschrieben – im Westen scheint der kulturelle Boden fruchtbarer als anderswo zu sein – die nach Rauch und Brand stinkende Geschichte der deutschen Judenfeindschaft nimmt ihren Anfang – König und Papst entscheiden sich für die gesündere Lösung, weil sie den Grund ihres Streits vergessen haben – Heinrich V. versucht vergeblich, zwei Hasen mit einer Hand zu fangen – eine alt gewordene Zeit geht zu Ende.

Mit der traurigen Gestalt Heinrichs IV. – man hat ihm dann immerhin die Ehre angetan, seine Leiche in der Krypta des Kaiserdoms zu Speyer zu begraben – ging, meine ich, das alte Reich zu Ende. Die Geschichte Heinrichs IV. war nicht ein letztes, mächtiges Aufbäumen der alten Reichsidee, des imperialen Entwurfes Karls des Großen, es war eher ein Verglimmen, ein läppisches Verlöschen, nicht ohne tragikomische Züge. Als Sieger aus dem Streit waren die territorialen Mächte in Deutschland hervorgegangen, die Reichsbischöfe und – nicht zuletzt – die Kirche, die wieder Tritt gefaßt hatte und von einer Reihe von weniger korrupten Päpsten geleitet wurde.

Bei all den Wirren in Deutschland und in Italien blieb ein Ereignis zunächst wohl wenig beachtet, dessen Auswirkungen bald die gesamte Geschichte für zwei Jahrhunderte in Turbulenzen stürzen sollte: 1095 rief Papst Urban II. in Clermont die Christenheit zur Befreiung des Landes »wo Christi Füße gestanden« auf, Palästinas also, das seit Jahrhunderten von Mohammedanern beherrscht war. Im Jahr darauf sammelte sich ein Heer aus französischen, lothringischen und normannischen Rittern in Frankreich, und das, was der Erste Kreuzzug genannt wird, begann. Am 15. Juli 1099 eroberten die Kreuzfahrer Jerusalem, wenige Tage danach bestieg Gottfried von Bouillon den Thron des neuen (christlichen) Königreichs Jerusalem, nannte sich allerdings nur »Beschützer des Heiligen Grabes«.

Bis dahin war der Kreuzzug eine im wesentlichen französische Angelegenheit. Die Beteiligung lothringischer Fürsten, Grafen und Ritter (zu denen Gottfried zählte) war nur bedingt ein deutscher Anteil, denn längst hatte sich Lothringen zu dem kulturell höherstehenden Frankreich hin orientiert. Erst auf die Nachricht von der Eroberung Jerusalems hin wachten die Deutschen auf. Ein Kreuzzug unter der Führung des Herzogs von Bayern brach auf, kam aber gar nicht bis Palästina, sondern ging in Kleinasien 1101 kläglich zugrunde.

*

Das Wort vom kulturellen Gefälle von Frankreich nach Deutschland mag erschrecken, aber es war so. Nach dem Niedergang der antiken Kultur, deren griechische Nachblüte im Byzantinischen Reich bald durch den Ansturm des Islam zu ersticken begann, blieb es im Abendland kulturell gesehen finster. Gregorovius hat nachgerechnet, daß in Italien ein ganzes Jahrhundert lang kein Buch geschrieben wurde. (Man möchte sich diesen Zustand, aus ganz konträren Gründen, für die heutige Welt wenigstens für ein Jahr wünschen. Der Autor hiesiges würde sich freiwillig beteiligen.)

Einzig in Frankreich begann sich kulturelles Leben aufzurichten. (Die hohe Kulturstufe des muslimischen Spanien soll hier als anderswohin gehörig unberücksichtigt, jedoch nicht unerwähnt bleiben.) Romanische Kathedralen von großer Pracht und Verfeinerung waren schon im elften Jahrhundert entstanden. Freilich sind von ihnen meist nur bescheidene Reste erhalten wie von der Abteikirche St. Peter und Paul zu Cluny, einstmals die größte Kirche der Christenheit. Die Abteikirche Nôtre-Dame zu Jumièges (erbaut 1050/1070) gibt noch als Ruine einen Eindruck vom schöpferischen Ernst und künstlerischen Stilwillen der (anonymen) französischen Baumeister. Dagegen waren die sicherlich nicht unbedeutenden deutschen Bauten der frühen Romanik von eher rührender Provinzialität. Von der Höhe, die die französische bildende Kunst schon sehr früh erreicht hatte, zeugt das noch spätkarolingische Daniel-Relief von der Klosterkirche zu Charlay. Und Gislebertus, der bald die nicht genug zu bewundernden Reliefs von Autun schaffen wird, war wohl schon auf der Welt. Während die französische Literatur und Philosophie, die immerhin schon einen Abälard aufzuweisen hatte, daranging, ihrer ersten Blütezeit mit den großen Versdichtungen entgegenzuwachsen, begnügte sich die deutsche Literatur mit geistlicher (lateinischer) Prosa eines Abtes Williram oder der ermüdend üppigen Erdbeschreibung des sogenannten Merigato. Einzig in St. Gallen erreichte die – aber ebenfalls lateinische – Literatur eine gewisse Höhe, etwa mit Notkers düsterem ›Memento mori‹ von 1050. Von Literatur in der Volkssprache ist wenig zu finden. Eine Ausnahme von einiger Qualität macht das – wohl um 1060 entstandene – ›Ezzolied‹, in dem ein sonst nicht faßbarer Geistlicher namens Ezzo (vielleicht in Bamberg) die Schöpfungs- und Erlösungsgeschichte in frühmittelhochdeutschen Strophen nacherzählte.

Was die musikalische Kultur betrifft, so erschwert, wenn nicht verunmöglicht die objektive Betrachtung der Umstand, daß wenig Musik aufgezeichnet und die aufgezeichnete Musik schwer oder gar nicht zu lesen ist. Deswegen ist die mittelalterliche Musik eher der Tummelplatz öder musikologischer Kontroversen als lebendige Tradition. Festzustehen scheint, daß in Deutschland wie auch anderswo die verschiedenen Ausformungen des Choralgesangs gepflegt wurden. (Zentren waren St. Gallen und Quedlinburg.) Im Übrigen folgten die deutschen Musiker »... wenn auch zögernd und im steten Abstand hinter dem glücklicheren Westen ...« (Bruno Stäblein) der Ausbildung der Mehrstimmigkeit. Immerhin aber sind die beiden ältesten landessprachlichen, also deutschen Hymnen in gregorianischem Stil ›Christ ist erstanden‹ und ›Nun bitten wir den heiligen Geist‹ um 1100 entstanden.

*

Die Bevölkerung wuchs weiter. Zahlen sind naturgemäß nur zu schätzen. Man nimmt an, daß die Bevölkerung Deutschlands (das dünn besiedelte Skandinavien hinzugerechnet) vom Jahr 1000 bis 1340 von vier auf 11,6 Millionen anwuchs (J.C. Russell), also um 1100 etwa sechs bis sieben Millionen betragen haben dürfte. Die wirtschaftliche Lage um 1100 hatte sich von der im zehnten Jahrhundert wenig verändert, allerdings zeigte sich eine Tendenz der steigenden Bedeutung der Städte. Deren Bevölkerung wuchs wohl stärker. Die Städte wurden ummauert, Handel und Gewerbe erlangten größere Bedeutung, damit nahm der Einfluß der Kaufmannschaft zu, ohne daß dies aber zu ausgreifenderer politischer Bedeutung geführt hätte. Erste Ausformungen von Marktordnungen sind zu verzeichnen, auch überregionale Verbindungen, Ansätze dessen, was später die Hanse werden sollte. (Die größte Stadt der damals bekannten Welt, so vermutet man, war mit über fünfhunderttausend Einwohnern Córdoba im arabischen Spanien, gefolgt von Byzanz mit fünfhunderttausend.) Besonderen Aufschwung nahmen zu salischer Zeit bereits die Städte in Flandern. Zum Beispiel entwickelte sich Arras seit der Mitte des elften Jahrhunderts zu einem bedeutenden Wirtschaftszentrum mit lebhaften Handelsverbindungen bis nach Italien. Mit all dem nahm die Bedeutung des Geldverkehrs zu. In den Städten wurden Münzen geprägt. Erste Anzeichen des Bankenwesens zeigten sich. Auch darin waren flandrische Städte führend.

Ein trauriges Kapitel deutscher Geschichte darf nicht unerwähnt bleiben. Seit spätantiker Zeit wohnten (wie überall im Römischen Reich) auch auf dem Gebiet des späteren Deutschland Juden. Für Köln ist eine jüdische Gemeinde im frühen vierten Jahrhundert bezeugt. Für die karolingische und ottonische Zeit sind solche Gemeinden in vielen Städten des Rheinlandes und Süddeutschlands nachweisbar. Das Zusammenleben mit der christlichen Bevölkerung war relativ gut. Dennoch ist festzuhalten, daß der (nicht rassistische, sondern religiöse) Antisemitismus, was heute von der Kirchengeschichtsschreibung gern heruntergespielt wird, zum wesentlichen Kern der christlichen Theologie gehörte. Gerechterweise muß dagegen wiederum gesagt werden, daß einige wenige Vertreter der mittelalterlichen Kirche den im elften Jahrhundert beginnenden Judenverfolgungen entgegentraten. In Deutschland kam es in Mainz 1012 zum ersten Pogrom. Ende des Jahrhunderts kamen irreguläre Horden, die sich auch Kreuzfahrer nannten, aus Frankreich und Flandern über den Rhein, und da diese Horden – mit Recht – daran zweifelten, je ihr Ziel Palästina zu erreichen, massakrierten sie die näher greifbaren »Feinde Christi«, nämlich die Juden in den rheinischen Städten, nicht selten von geifernden Pfaffen angefeuert. In manchen Fällen konnte diese Barbarei von der Obrigkeit abgewehrt werden, aber leider ist zu vermerken, daß die christlichen Deutschen Gefallen an den bequemen und straflosen Judenverfolgungen fanden. Und so zieht sich neben der mehr oder minder glänzenden deutschen Geschichte die blutige, traurige, nach Rauch und Brand stinkende Geschichte der deutschen Judenfeindschaft durch die Jahrhunderte hin. Es wird in den folgenden Bänden, leider, auch davon noch die Rede sein müssen.

*

So wie in dem ohnedies spärlichen Geschichtsbewußtsein der Deutschen die Figur des großen Kaisers Heinrichs III. im Schatten der als tragisch empfundenen Person Heinrich IV. steht, so verdämmert der letzte Salier, Heinrich V., im Schatten, den sein Vater geworfen hat. Das ist etwas ungerecht, auch wenn die weit kürzere Regierungszeit dieses letzten Saliers (1106–1125) weniger spektakulär war als die des Vaters. Heinrich V. gelang es, im Zusammenwirken mit dem erstaunlich vernünftigen Papst Calixtus II. (einem burgundischen Grafensohn, weitläufig mit dem Kaiserhaus verwandt) den Investiturstreit zu beenden. Dem gingen freilich noch Schwierigkeiten voraus. Auf einem seiner Italienzüge ernannte Heinrich sogar einen Gegenpapst (Gregor VIII.), der ihn 1117 zum Kaiser krönte. Ob diese Krönung gültig war oder nicht, ist wieder einmal so eine Frage ... Tatsache ist, daß Calixtus II., zu dessen Gunsten Heinrich seinen Schützling Gregor dann kaltherzig fallen ließ, den Kaiser hinfort als solchen behandelte und somit anerkannte.

Am 23. September 1122 wurde – unterstützt vom guten

Willen von Papst und Kaiser und von den deutschen Fürsten betrieben – das »Wormser Konkordat« geschlossen. (Seitdem hießen alle Verträge zwischen Staaten und der Kirche Konkordate.) Dieses Wormser Konkordat beendete den Investiturstreit auf so einfache Weise, daß man sich fragt, warum man sich so lang darüber gestritten hat. Die Äbte und Bischöfe werden vom König ernannt und mit dem Zepter als Zeichen ihrer weltlichen Fürstlichkeit (»Temporalia«) ausgestattet, vom Papst jedoch mit »Ring und Stab«, den Zeichen der geistlichen Herrschaft, begnadet. Im Konfliktfalle sollte der König »die gesündere Lösung« (die nicht weiter definiert wurde) wählen. Erfreulicherweise funktionierte das System, das auf beiderseitigem gutem Willen beruhte, die ganzen folgenden Jahrhunderte hindurch fabelhaft. Konfliktfälle, daß etwa der Papst sich standhaft geweigert hätte, Ring und Stab herauszurücken, oder der Kaiser die Temporalia nicht gewährte, waren sehr selten. Letztlich ist das wohl darauf zurückzuführen, daß auch die immer weiter um sich greifenden geistlichen Fürstentümer fast autonom wurden und die Oberhirten aus ihren Domkapiteln wählten, die sich wiederum in der überwiegenden Zahl der Fälle aus Mitgliedern des lokalen Kleinadels oder sogar des Bürgerstandes rekrutierten.

Erfolgslos, sogar fatal blieben Heinrichs Bemühungen um die Wiederherstellung der wirklichen Reichseinheit. Vielleicht ist gar kein Kaiser denkbar, der die schon weit auseinanderstrebenden Teile des Reiches nochmals zusammengefügt hätte. War dieses Auseinanderdriften eine Folge der verfehlten Politik der salischen Kaiser? Oder war überhaupt das Reich ein nicht zusammenzuhaltendes politisches Kunstprodukt? Also der Fehler schon bei Karl dem Großen zu sehen, der solches Unmögliche zustande zu bringen geglaubt hat? Sicher ist, daß die aktuelle Schwierigkeit in dem Bemühen Heinrichs V. zu suchen ist, zwei Hasen mit einer Hand zu fangen. Er wollte die immer noch (oder schon wieder) rumorenden Sachsen befrieden und beim Reich halten und gleichzeitig, die Politik seiner Väter fortsetzend, seine Hausmacht-Basis im Harz durch rigorose Einbrüche in örtliche Verhältnisse stärken. Es ging nicht gut. Herzog Lothar von Sachsen, von dem im nächsten Band noch die Rede sein wird, zettelte einen regelrechten Aufstand an. Am 11. Februar 1115 erlitt das königliche Heer bei Welfesholz (in der Nähe von Eisleben) eine so vernichtende Niederlage, daß von da an die zentrale Königsgewalt Heinrichs im Herzogtum Sachsen verloren war.

Seiner Reputation half nur das Wormser Konkordat auf; und davor, daß die immer frecher werdenden Sachsen einen Gegenkönig wählten, bewahrte ihn sein früher Tod am 23. Mai 1125. (Er war nur 39 Jahre alt.) Seine Ehe mit der englischen Königstochter Mathilde blieb kinderlos, und daher erlosch mit ihm das salische Königshaus.

*

Es ist immer schwierig, jene Einschnitte zu bezeichnen, die die historischen Epochen voneinander trennen. Wie alles im Leben ist die Geschichte nicht klar und sauber gegliedert. Meist läuft das, was man später eine neue Zeit nennen wird, schon eine Weile neben der alten Zeit her, und die Zeitgenossen werden wenig davon gemerkt haben. Dennoch erlauben wir uns, in dem Ende der salischen Königsherrschaft einen tiefen Einschnitt zu erblicken. Mit der Wahl von Heinrichs V. Nachfolger Lothar von Supplinburg und, nach dessen kurzer Regierungszeit, mit Konrad III. als erstem Staufer auf dem deutschen Königsthron beginnt ein neuer Abschnitt, der zu einer gewissen Festigung des Reiches, aber bald zu neuerlichen politischen Träumen imperialen Zuschnitts führen sollte. Ohne die sich verselbständigenden, auseinanderstrebenden Flüsse der Territorialherrschaften zu betrachten, ist eine Gesamtschau der deutschen Geschichte von da an nicht mehr möglich. Gleichzeitig aber bringt die, wenngleich verhängnisvolle, Weltpolitik der Stauferzeit, die späte Beteiligung Deutschlands an den Kreuzzügen, Impulse geistiger und künstlerischer Art mit sich, die endlich den kulturellen Anschluß an den Westen bewirkten. Und so kann man mit einigem Recht sagen, daß mit jenem Heinrich V., als er im Dom seiner Väter zu Speyer zu Grabe getragen wurde, eine altgewordene Zeit zu Ende ging.

I. Karolinger

unterstrichen: die Kaiser

Pippin von Heristal † 714

Karl Martell † 741

Pippin der Kleine
751 fränkischer König † 768

Karl der Große † 814
768 König, 800 römischer Kaiser
∞ (u.a. mit) Hildegard, alemannische Gräfin

Ludwig der Fromme † 840
814 König und 816 Kaiser
∞ 1. Gräfin Irmgard 2. Judith, Tochter des Grafen Welf

1 Lothar I. † 855
840 König in Italien
und Kaiser
∞ Gräfin Irmgard
von Tours

1 Pippin † 838
König in Aquitanien

1 Ludwig II. der Deutsche
† 876
König in Deutschland
∞ Emma, Tochter
des Grafen Welf

Ludwig II. † 875
844 König in Italien
855 Kaiser

Lothar II. † 869
855 König
in Lothringen

Karlmann † 880
876 König in Bayern

unehelich

Arnulf † 899
Herzog von Kärnten
887 König, 896 Kaiser
∞ Oda

Ludwig V. das Kind † 911
Deutscher König,
letzter Karolinger

Ludwig III. † 882
König
in Sachsen

2

Gisela † nach 874
∞ Markgraf
Eberhard von Friaul

2

Karl II. der Kahle † 877
843 König in Westfranken
875 Kaiser
∞ Irmtraud Gräfin von Orléans

Karl III. der Dicke † 888
König in Schwaben 884
887 Kaiser

Ludwig III.
† 882

Karlmann
† 884

Karl III. der Einfältige † 929

Könige von Frankreich

Ludwig IV.
† 954

Lothar
† 986

Ludwig V.
† 987

II. Das sächsische Königshaus

unterstrichen: die Deutschen Könige und Römischen Kaiser

Heinrich I. † 936
919 Deutscher König
∞ 1. Hatheburg, sächsische Gräfin
2. Mathilde, Gräfin von Westfalen

1 Thankmar † 938

2 Otto I. der Große
* 912 † 973
936 Deutscher König
962 Römischer Kaiser
∞ 1. Edith, Prinzessin von England
2. Adelheid, Prinzessin von Burgund

2 Gerberga † 984
∞ 1. Herzog Giselbert von Lothringen
2. König Ludwig IV. von Frankreich

1 Liudolf
* 930 † 957
948 Herzog von Schwaben

2 Otto II. † 983
961 Deutscher König
967 Römischer Kaiser
∞ Theophanu

Otto III.
* 980 † 1002
983 Deutscher König
996 Römischer Kaiser

2 — 2

Heinrich I. † 955
945 Herzog von Bayern
∞ Judith, bayerische Prinzessin

Bruno
* 925 † 965
953 Erzbischof von Köln

Heinrich II. der Zänker
* 951 † 995
955 Herzog von Bayern
∞ Gisela, Prinzessin von Burgund

Heinrich II. der Heilige
* 973 † 1024
995 Herzog von Bayern (Heinrich III.)
1002 Deutscher König
1014 Römischer Kaiser
∞ Kunigunde, Gräfin von Luxemburg

Gisela
∞ König Stephan I. von Ungarn

III. Die salische Dynastie

unterstrichen: die Deutschen Könige und Römischen Kaiser

Konrad II.
* 990 † 1039
1024 Deutscher König
1027 Römischer Kaiser
∞ Gisela, Prinzessin von Schwaben

Heinrich III.
* 1017 † 1056
1039 Deutscher König
1046 Römischer Kaiser
∞ 1. Kunigunde, Prinzessin von Dänemark
2. Agnes, Gräfin von Poitou

1
Mathilde
* 1045 † 1060
∞ Rudolf von Rheinfelden † 1080
1057 Herzog von Schwaben
1077 Deutscher König

1
Judith
* 1047 † 1093 (95?)
∞ 1. König Salomon von Ungarn
2. Herzog Wladislas I. von Polen

2
Heinrich IV.
* 1050 † 1106
1053 Deutscher König
1084 Römischer Kaiser abgesetzt 1105
∞ 1. Bertha, Gräfin von Savoyen
2. Eupraxia, Prinzessin von Kiew

Konrad
* 1074 † 1101
1076 Herzog von Lothringen (Brabant)
1090 Deutscher König 1093 abgesetzt

Agnes † 1143
∞ 1. Friedrich I. Herzog von Schwaben
2. Leopold III. Herzog von Österreich

Konrad III.
von Hohenstaufen
1138 Deutscher König

Heinrich V.
* 1081 † 1125
1099 Deutscher König
1111 Römischer Kaiser
∞ Prinzessin Mathilde von England

Personenregister

Sachregister

256 Seiten m. Fotos u. Zeichnungen des Autors
ISBN 3-485-00791-9

Herbert Rosendorfer
Autobiographisches

**"Kindheit in Kitzbühel"
und andere
erinnernde Geschichten**

Eine pointierte Auswahl autobiographischer Geschichten verbinden sich durch neue Zwischentexte zu einem literarischen und privaten Porträt, reizvoll ergänzt durch frühe Fotos und Zeichnungen. Ein bibliophiles Fanbuch und Lesevergnügen der besonderen Art von einem der bedeutendsten Erzähler unserer Tage, der es wie kein anderer versteht, den Leser mit seinem tiefgründigem Witz und seiner Sprachkunst zu faszinieren.

nymphenburger

Das selbstfahrende Bett
Deutsche Suite
Monolog in Schwarz
Die Schönschreibung des ...
Der Donnerstag des Oberstaatsanwalt

Herbert Rosendorfer im dtv

»Er ist der Buster Keaton der Literatur.«
Friedrich Torberg

Das Zwergenschloß und sieben andere Erzählungen
dtv 10310

Vorstadt-Miniaturen
dtv 10354

Briefe in die chinesische Vergangenheit
Roman
dtv 10541 und
dtv großdruck 25044
Ein chinesischer Mandarin aus dem 10. Jahrhundert gelangt mittels Zeitmaschine in das heutige München und sieht sich mit dem völlig anderen Leben der »Ba Yan« konfrontiert …

Stephanie und das vorige Leben
Roman
dtv 10895

Königlich bayerisches Sportbrevier
dtv 10954

Die Frau seines Lebens und andere Geschichten
dtv 10987

Ball bei Thod
Erzählungen
dtv 11077

Vier Jahreszeiten im Yrwental
dtv 11145

Eichkatzelried
dtv 11247

Das Messingherz oder Die kurzen Beine der Wahrheit
Roman
dtv 11292
Der Dichter Albin Kessel wird eines Tages vom Bundesnachrichtendienst angeworben. Allerdings muss er immer an Julia denken …

Bayreuth für Anfänger
dtv 11386

Der Ruinenbaumeister
Roman
dtv 11391
Schutz vor dem Weltuntergang: Friedrich der Große, Don Giovanni, Faust und der Ruinenbaumeister F. Weckenbarth suchen Zuflucht.

Letzte Mahlzeiten | Der stillgelegte Mensch
Hutturm | Großes Solo für Anton

Herbert Rosendorfer im dtv

Der Prinz von Homburg
Biographie · dtv 11448
Anschaulich, amüsant und unterhaltend schreibt Rosendorfer über diese für Preußen und Deutschland wichtige Zeit.

Ballmanns Leiden oder Lehrbuch für Konkursrecht
Roman · dtv 11486

Die Nacht der Amazonen
Roman · dtv 11544
Ein Satyrspiel zur Apokalypse der Nazizeit.

Herkulesbad/Skaumo
dtv 11616

Über das Küssen der Erde
dtv 11649

Mitteilungen aus dem poetischen Chaos
dtv 11689

Die Erfindung des SommerWinters
dtv 11782

... ich geh zu Fuß nach Bozen und andere persönliche Geschichten
dtv 11800

Die Goldenen Heiligen oder Columbus entdeckt Europa
Roman · dtv 11967
Außerirdische landen in Deutschland, und unaufhaltsam bricht die Zivilisation, unterwandert von der Heilssüchtigkeit der Menschen, zusammen.

Der Traum des Intendanten
dtv 12055

Ein Liebhaber ungerader Zahlen
Roman · dtv 12307 und
dtv großdruck 25152

Don Ottavio erinnert sich
Unterhaltungen über die richtige Musik
dtv 12362

Die große Umwendung
Neue Briefe in die chinesische Vergangenheit
Roman · dtv 12694

Deutsche Geschichte
Ein Versuch
Von den Anfängen bis zum Wormser Konkordat
dtv 12817

Deutsche Geschichte
Ein Versuch

Historische Romane im dtv

Elizabeth Marshall Thomas
Die Frau des Jägers
Roman · dtv 12004
»Ein Roman aus der Steinzeit von seltener Tiefe und Schönheit.« (New York Times Book Review)

Robert von Ranke Graves
Ich, Claudius, Kaiser und Gott
Roman · dtv 1300
Augustus, Livia, Caligula, Nero: eine Chronique scandaleuse, in der die ganze dekadente Welt des römischen Imperiums lebendig wird.

Marguerite Yourcenar
Ich zähmte die Wölfin
Die Erinnerungen des Kaisers Hadrian
dtv 12476
Ein Roman von außergewöhnlicher Feinheit. Yourcenar zeichnet mit Hadrian einen leidenschaftlichen und tatkräftigen Mann, den man betrauert wie einen Freund.

Frans G. Bengtsson
Die Abenteuer des Röde Orm
Roman · dtv 20055
Orm, Mutters Jüngster, verzärtelt und hypochondrisch, wird von plündernden Nachbarwikingern verschleppt. Doch das Schiff, auf dem die Nordmänner zu ihrem alljährlichen Raubzug gen Spanien fahren, kapern die Mauren...

Claudia Groß
Die Runenmeisterin
Roman · dtv 24166
Sie gehören zueinander, die letzte Runenmeisterin Rosalie und der Druidensproß Cai. Aber zwischen den Liebenden stehen ein Mord und ein feierliches Gelübde... Eine Kriminal- und Liebesgeschichte vor der rauhen Kulisse des Mittelalters.

Elisabeth Harris
Der heilige Stein
Roman · dtv 20253
Bei Ausgrabungen in einem einsamen Kloster in Wales entdeckt man das Skelett eines Neugeborenen. Alles deutet darauf hin, daß sich zu Beginn des 13. Jahrhunderts hier eine Liebestragödie abgespielt hat...

Historische Romane im dtv

Diana Norman
Die Piratenkönigin
Roman · dtv 20115
Irland im 16. Jahrhundert. Im Dienst der Königin wird die junge Barbary auf die rebellische Insel geschickt. Inmitten von politischen Intrigen, Freiheitskampf und Krieg erlebt sie die Schönheit und Tragik Irlands – und ihre große Liebe.

Rosemarie Marschner
Nacht der Engel
Roman · dtv 20286
Italien zur Zeit der Renaissance. Die schöne Francesca hat alles, was das Herz begehrt. Und bei Lorenzo de' Medici ist sie ein mehr als nur gern gesehener Gast. Aber es ist auch gefährlich, der Fürstenfamilie so nahe zu stehen …

Rosemarie Marschner
Der Sohn der Italienerin
Roman · dtv 12160
»Prinz Eugen, der edle Ritter …« Rosemarie Marschner erzählt das Schicksal eines der berühmtesten Helden der Neuzeit auf spannende und psychologisch raffinierte Weise.

Jochen Klepper
Der Vater
Roman eines Königs
dtv 11478
Die »äußere und innere Geschichte« Friedrich Wilhelms I. von Preußen – viel mehr als nur ein historischer Roman: eine Dichtung von unvergleichbarer Prägnanz.

Wolf von Niebelschütz
Der Blaue Kammerherr
Roman · dtv 12600
Das Inselreich Myrrha im Jahr 1732. König Alphanios ist das Opfer intriganter Minister und Finanzleute. Prinzessin Danae versucht allen Intrigen zu begegnen, um ihrem Land zu helfen. »Ein europäisches Märchen.« *Peter Härtling*

Eveline Hasler
Anna Göldin. Letzte Hexe
Roman · dtv 10457
1780. Die schöne, eigenwillige Dienstmagd Anna Göldin wird des Kindsmords und der Zauberei angeklagt. Die Geschichte des letzten Hexenprozesses in Europa.

Gert Hofmann im dtv

»Er ist ein Humorist des Schreckens und unermüdlicher Erfinder stets neuer, stets verblüffender und verblüffend einleuchtender Erzählperspektiven.«
Frankfurter Allgemeine Zeitung

Die kleine Stechardin
Roman · dtv 8480
Der große Göttinger Gelehrte Georg Christoph Lichtenberg und seine Liebe zu dem 23 Jahre jüngeren Blumenmädchen Maria Dorothea Stechard.

Der Kinoerzähler
Roman · dtv 11626
»Mein Großvater war der Kinoerzähler von Limbach.« Karl Hofmann, der exzentrische Kauz, ist eine stadtbekannte Persönlichkeit. Doch dann kommt der Tonfilm und macht ihn arbeitslos …

Auf dem Turm
Roman · dtv 11763
In einem kleinen sizilianischen Dorf wird die Ehe eines deutschen Urlauberpaares auf eine harte Probe gestellt.

Gespräch über Balzacs Pferd
Vier Novellen · dtv 11925
Unerhörte Begebenheiten aus dem Leben von vier außergewöhnlichen Dichtern: Jakob Michael Reinhold Lenz, Giacomo Casanova, Honoré de Balzac und Robert Walser.

Der Blindensturz
Roman · dtv 11992
Die Geschichte der Entstehung eines Bildes.

Das Glück
Roman · dtv 12050
Wenn Eltern sich trennen … »Ein schöner, durch seine Sprache einnehmender Roman.« (Frankfurter Allgemeine Zeitung)

Vor der Regenzeit
Roman · dtv 12085
Ein Deutscher in Südamerika, das »bizarre Psychogramm eines ehemaligen Wehrmachtsobersten«. (Die Zeit)

Veilchenfeld
Roman · dtv 12269
1938 in der Nähe von Chemnitz: Ein jüdischer Professor wird in den Tod getrieben. Und alle Wohlanständigen machen sich mitschuldig.

Uwe Timm im dtv

»Ein Autor, der engagiert Zeitstimmungen und geistigen Moden nachspürt und der Gesellschaft Defizite unter die Nase zu reiben beliebt.«
Toni Meissner in der ›Abendzeitung‹

Heißer Sommer
Roman · dtv 12547
Eines der wenigen literarischen Zeugnisse der Studentenbewegung von 1967.

Johannisnacht
Roman · dtv 12592
»Ein witzig-liebevoller Roman über das Chaos nach dem Fall der Mauer, über eine Stadt [Berlin] voller Glücksritter und Schwindler, voller Konflikte und Konfusionen.« (Wolfgang Seibel in ›Die Presse‹, Wien)

Der Schlangenbaum
Roman · dtv 12643
Ein deutscher Ingenieur als Bauleiter in Südamerika.

Morenga
Roman · dtv 12725
Die Geschichte vom Hottentottenaufstand in Deutsch-Südwestafrika, dem heutigen Namibia.

Kerbels Flucht
Roman · dtv 12765
Chronik eines entfremdeten Lebens.

Römische Aufzeichnungen
dtv 12766
Impressionen und autobiographische Mitteilungen.

Die Entdeckung der Currywurst
Novelle · dtv 12839
»Uwe Timm gestaltet eine ebenso groteske wie rührende, phantastische wie im konkreten Alltag verwurzelte Liebesgeschichte … außerordentlich vergnüglich zu lesen.« (Detlef Grumbach in der ›Woche‹)

Nicht morgen, nicht gestern
Erzählungen
dtv 12891

Rennschwein Rudi Rüssel
Ein Kinderroman
dtv 70285

Die Piratenamsel
Ein Kinderroman
dtv 70347

Der Schatz auf Pagensand
dtv 70593